U0154353

幼兒園
讀寫萌發課程

黃瑞琴　著

五南圖書出版公司 印行

序 言

　　本書原名是《幼兒讀寫萌發課程》，初版於1997年；十八年後，配合當今幼兒園的名稱，調整書名為《幼兒園讀寫萌發課程》，將原書內容和行文加以修訂，著重於支持幼兒園二至六歲幼兒之讀寫能力萌發進展的課程發展方向。

　　撰寫這本有關幼兒早期讀寫課程的書，主要是淵源於自身長久從事幼兒教育工作歷程中，深切感受幼兒的讀寫問題，尤其是教或不教寫字的問題，一直困擾著幼教界，同時也困擾著幼兒的學習與發展。傳統的上學讀書寫字概念，使得幼兒上幼兒園常被預期是要每天背書包、唸誦特定的讀本、或是在作業簿上練習寫字。幼兒的讀寫問題長久滯留為幼教界的問題，主要是因為我們一直是以成人的觀點來界定幼兒讀寫的教學，而忽略了幼兒本身讀寫發展與學習的特質。有鑑於此，本書參照有關幼兒讀寫發展與學習的文獻資料，闡述幼兒園讀寫萌發課程的觀點取向和實施方式，著重於支持幼兒讀寫的種子，如同萌芽長大成挺立的樹木一樣，能持續萌發進展，而逐漸成為具有讀寫能力的閱讀者和書寫者。筆者才學有限，書中論述有疏漏之處，尚祈讀者先進惠予指正。

　　謹將本書獻給我最敬愛的祖母、父親、和母親，祖母雖不識字，她老人家謙遜而堅韌的生命史，永遠是啓迪我甚深甚遠的一本書，並且深深感謝父母親賜予我從幼兒時起，即能自由自在閱讀與隨心所欲書寫的萌發歷程。

黃瑞琴

書寫於2015年

春天

目 錄 Contents

序言

4 支持幼兒讀寫萌發的課程實施

5 結語：書的展現　　171

引言：書的萌發

CHAPTER 1

　　在一般傳統的觀念中，孩子開始上學即表示要開始讀書寫字，而又以為孩子上幼兒園即是上學的開始，也就是要開始學習讀書寫字了。臺灣早在1970年代，當時的幼兒園就普遍存在著教導幼兒寫字的現象，許多家長認為孩子上幼兒園就是上學，幼兒園即應該教幼兒寫字；1980年代，教育主管當局雖三令五申不可教幼兒寫字，幼兒在幼兒園學寫字的情形仍然非常普遍，有的幼兒園將閱讀寫字列入幼兒主要的活動項目；至1990年代，幼兒課程狹隘智識化的現象普遍見於市面現成的語文教材，教室中常可見全班幼兒坐在座位隨著老師複誦語文教材或更換書寫一本又一本的練習本（臺北市立師範學院，1994；簡楚瑛、廖鳳瑞、林佩蓉、林麗卿，1995）。於當今二十一世紀，幼兒早期讀寫發展、學習、與教學的議題，已發展為幼兒教育領域重要的研究課題，其中包括幼兒讀寫發展與學習的理論概念以及幼兒讀寫教學的相關問題（Teal, 2003）。

　　幼兒的讀寫發展蘊含於人類語言的整體發展系統，根據語言學家和心理學家的探究，語言的意義是人類產生的有系統的、被用來溝通、與人互動的一種工具，包括一組有規則的聲音符號和代表這些聲音的視覺符號（Glazer & Burke, 1994）。聲音符號是一種口說語言（oral language），涉及聽（listening）和說（speaking）的過程，視覺符號則是一種書面語言（written language），涉及讀（reading）和寫（writing）的過程；讀和寫的視覺符號可包括字面的（literal）符號，還可包括圖像的（visual）符號，稱為視覺的觀看（view-ing）（International Reading Association and the National Council of Teachers of English,1996, pp.73-77）。生活環境中充滿了各種圖像符號，尤其科技的進步產生更多視覺圖像的溝通方式，例如：電視、電腦、手機、數位影像、廣告、電子郵件、網路、簡訊、照片、圖片、多元的大眾媒體等，這些視覺圖像亦形成一種視覺語言或圖像語

言（Karchmer, Mallette, & Leu, 2003; National Council of Teachers of English, 2008）。

　　換言之，所謂的讀寫，需要同時進行文字和圖像的運作，除了學習文字的讀寫，還需要學習視覺圖像的讀寫（visual literacy），讀出（解釋）圖像以及寫出（產生）視覺的溝通圖像，學習在文字和圖像之間自在流暢地轉換移動，用眼睛的視覺感官看事物，同時也用腦看事物，進行視覺性的思考和摘要（Burmark, 2002, 2008）。幼兒從小接觸各種代表某些特定意義的表徵符號，包括人的手勢動作、口語、圖像和文字之符號系統，幼兒的讀寫發展即是對於這些符號意義的覺察理解和運用表達過程（Hill & Nichols, 2013）。

　　參照我國《幼兒園教保活動課程暫行大綱》之語文領域內涵（教育部，2013a），語文是人和各種類型、性質之「文本」的溝通系統，文本指的是使用有系統的表義符號（包括肢體、口語、圖像符號及文字）創造出的作品，例如默劇、生活經驗敘說、故事、童謠、圖畫書、工具書、舞蹈表演及電影等；幼兒園教保活動課程的語文領域中，幼兒學習的面向即包括肢體、口語、圖像符號及文字功能，幼兒需要建立的語文能力是理解和表達，包括理解肢體、口語、圖像符號及文字功能，以及透過肢體、口語、及圖像符號表達。本書論述幼兒園的讀寫課程，是著重於圖像和文字的覺察理解和運用表達，參照和因應二至六歲幼兒讀寫發展的歷程和特質，闡述幼兒園讀寫課程的定位和發展方向，如何提供幼兒有關閱讀和書寫的經驗，藉以支持幼兒讀寫能力的初始萌發和持續進展。

　　本書所謂之「幼兒園」，參照我國《幼兒教育及照顧法》（教育部，2013b），幼兒園是指日常提供二歲以上至入國民小學前幼兒之教育及照顧服務的機構，在幼兒園服務之園長、教師、教保員及助理教保員稱為教保服務人員，而本書行文中通稱之幼兒園「教

師」，則可廣義包括幼兒園之教保服務人員。至於本書所謂之「課程」則主要參照以學生爲課程主體之「課程是經驗」的觀點（黃政傑，1985），將課程定義爲幼兒在幼兒園中的經驗，課程即是幼兒與幼兒園環境中人、事、物交互作用的所有經驗，幼兒讀寫萌發課程的發展即蘊含於幼兒與幼兒園環境中人、事、物交互作用的所有相關經驗。書中內容論及幼兒園二至六歲幼兒之讀寫發展或課程重點，即參照幼兒年齡分爲幼幼班（2-3歲）、小班（3-4歲）、中班（4-5歲）、和大班（5-6歲）。

　　本書各章闡述幼兒園讀寫萌發課程發展方向，第二章先闡述幼兒讀寫萌發的意義，第三章闡述支持幼兒讀寫萌發所根據的課程觀點取向，第四章闡述支持幼兒讀寫萌發的課程實施方式，藉以展現幼兒園支持幼兒閱讀書寫能力萌發進展的課程圖像。

幼兒讀寫萌發的意義

CHAPTER 2

　　幼兒讀寫的發展在日常生活中隨時隨地萌發展現，例如幾位媽媽在廣播節目中談孩子學習語文的經驗：

　　　　我女兒四歲時，有一天我帶女兒走在路上，女兒突然指著路旁的招牌說：「新東陽」。我很驚訝，她怎麼會認得字。以後，我再旁敲側擊，才知道她已經認得很多字。像她也認得「養樂多」，她是整個一起認，不是一個字一個字認；我指著「多」問她：「這是什麼字？」她回答說：「是『養』嗎？是『樂』嗎？那就是『多』了。」

　　　　在家裡，我和我先生都喜歡看書，也常常寫東西。吃過晚飯，我和我先生常常各自安靜地看書、寫作。我的女兒在唸幼兒園，看我們都不講話，自己也拿了一張紙，在上面畫了許多格子，像稿紙一樣，然後就在上面塗鴉起來。

　　以上第一段談話中，顯示幼兒已能察覺生活環境中的商店招牌和商品的文字，蘊含著幼兒閱讀（環境中文字）的發展，在第二段談話中，顯示幼兒學著成人寫作的樣式，則蘊含著幼兒書寫的發展，此即是所謂讀寫萌發的行為情景。

壹　讀寫萌發的名稱

　　一般傳統的觀念以為幼兒尚未接受正式的讀寫教學之前，是完全沒有讀寫的發展和學習可言。然而，根據幼兒讀寫發展的自然式觀察研究，幼兒從小在日常生活環境中即開始持續地測試、驗證、察覺有關圖像和文字的讀寫概念（Baghban, 1984; Taylor, 1983; Teale,

1986）。

　　如同前述實例，幼兒在日常生活中即經常接觸環境中的圖像和文字（如：招牌圖示、商品標籤、電視節目、門牌號碼、交通標誌等），並且常有機會探索塗寫的材料（如：紙、筆、白板）隨意塗畫或塗寫字；幼兒的父母常會回答幼兒有關讀寫的問題、重複唸相同的故事書給幼兒聽、或為幼兒讀出路上的商店招牌或道路標誌，幼兒常會看到父母親寫信、收到信件、和讀信，幼兒經由這些生活經驗而察覺圖像和文字就像是一種看得見的語言（Martkw, 1988）。幼兒學習讀和寫不是限定在某一個特定的時間，而是在生活中持續萌發展現讀寫的能力，此即為讀寫萌發的過程。

　　讀寫萌發（Emergent Literacy，簡稱EL）的名稱來源，1966年首先出現於Clay（1966）在紐西蘭Auckland大學的博士論文「萌發的閱讀行為」（Emergent Reading Behavior）（Lancy, 1994）。從1970年代起，美國開始發展讀寫方面的研究，到1980年代研究更迅速增加，Teale和Sulzby於1986年將幼兒讀寫相關研究文獻集結成書稱為《讀寫萌發：書寫和閱讀》（*Emergent Literacy: writing and reading*），書名明確稱為讀寫萌發（Emergent Literacy）；萌發（emergent）一詞意味某些事物正在發展形成的持續進行過程，讀寫萌發的名稱即強調以讀寫正在發展形成的觀點，探究幼兒如何成為書寫者和閱讀者的過程（Teale & Sulzby, 1986）。

　　幼兒讀寫能力的發展可分成萌發的階段（emerging phase）、早期的階段（early phase）、和流暢的階段（fluent phase），幼兒讀寫萌發的名稱雖主要是指稱初期的萌發階段，然而亦可因應個別幼兒的發展和學習情況，延伸至早期的或流暢的階段，而非只限定在初始萌發的階段；換言之，幼兒的讀寫萌發是持續發展延伸的過程，所謂讀寫萌發此一名稱，可廣義地包含幼兒學習和發展成為一個流暢

的閱讀者和書寫者的整個過程；而且幼兒學習讀寫並不是一個自然發生的過程，而是需要教師持續的支持和教導，包括觀察、評估、計畫、示範、引導、或直接的教學等（Soderman, Gregory, & McCarty, 2005）。再者，由於認識到幼兒正在萌發進入的是一個充滿意義的複雜世界，所謂讀寫萌發的名稱意義持續在改變和延伸，尤其當今電子溝通科技產生更多新的文本影響到幼兒早期讀寫的發展，幼兒正在萌發成為各種符號系統的製作者、發明者、和使用者，因而教師也需要提供幼兒各種文本的資源，並引導幼兒自己創造文本（Hill & Nichols, 2013）。

我國幼兒園始於幼幼班之二歲幼兒屬於讀寫的萌發階段，六歲之前的幼兒可逐漸由萌發階段進入讀寫的早期階段、或流暢階段，將幼兒園有關幼兒讀寫發展與學習的課程稱之為讀寫萌發課程，尤可突顯幼兒園二至六歲幼兒持續萌芽發展讀寫能力的動態歷程。所謂萌發，並非停止或靜止於初始的萌發階段，亦非僅是任其自然地發生，而是需要透過能因應幼兒讀寫發展與學習的課程經驗，適時適切呵護和支持幼兒萌芽發展和展現讀寫的能力，而逐漸進展成為一位有自信的、流暢階段的閱讀者和書寫者。換言之，採用幼兒園「讀寫萌發課程」的名稱，而非直接稱為幼兒園「讀寫課程」，一方面可避免誤解幼兒園幼兒即需要正式學習讀書寫字，另一方面亦可與小學階段強調學科知識的讀寫教學有所區隔，藉以更明確標示適時適切支持幼兒逐漸萌芽發展讀寫能力的課程發展方針。

貳　讀寫的口語基礎

幼兒的語言發展過程先是學習以表情和手勢與人溝通，接著學習口語溝通，同時從日常生活中接受各種圖像和文字的刺激，觀看並運

用環境中的圖像和文字，而意識到讀和寫也是與人溝通的方式。幼兒
的口說語言和書面語言發展是相互關聯的溝通系統，本節闡述幼兒口
說語言（口語）的發展及其與讀寫的關聯。

一、幼兒口語的發展

　　語言是一個規則化的系統，口語是由聲音和字句組合而成，主要
是透過聲音和字句的特性和特定使用規則以傳遞意義，幼兒早期的
口語系統雖有其限制，但是其口語溝通的功能頗為複雜，受到幼兒所
處的社會文化情境所影響（Anderson, Moffatt, McTavish, & Shapiro,
2013）。

　　幼兒口語的發展主要涉及語音、語法、語意、和語用的結構系
統，語音是語言的聲音，是語言最原始的訊號，具有傳意的功能；語
法是語言的結構，是字或詞排列組合成有意義的句子之規則，幼兒須
學會語法，才能說出別人聽得懂的話；語意是語言的意義，其中包括
字、詞、和句子所表達的意義；語用是語言使用的規則，是指在不同
的社會文化情境中適當和有效地使用語言溝通的規則，有效的溝通須
同時包括聽、說、和社會性的技能。幼兒須逐漸掌握語音、語法、語
意、和語用在社會文化情境中溝通的基本規則，才能隨之獲得聽和說
的口語溝通能力。

　　早在嬰兒時期與人溝通的意圖即已顯現，嬰兒常會以哭、發聲、
眼神、微笑、嘴巴的開合、或以手指物的動作等，向照顧者表示他的
需要或情緒，或是藉以回應照顧者的語調和行為，並且喜歡聽人們說
話的聲音。嬰兒在一歲之前發出的哭聲、反射性的咕咕聲、或是一連
串重複的咿呀聲，雖不是有意義的語言，但這些語音有明顯的變化，
並且已能分辨語音的差別和不同人的聲音，也能聽懂人們所說的某些

字句，並對之作出適當的動作反應，這些表現可說是在為一歲以後幼兒的語言學習作準備。

　　幼兒大約在一歲左右，能說出第一批能讓人聽得懂的單詞，即每次只說一個詞，這時即表示幼兒開始說話了，並且常會結合所說的字詞和手勢來表達自己的意思。幼兒早期所說的單詞，大都是指稱他在生活中經常接觸且熟悉的人事物，接著約從一歲半開始，出現由雙詞或三個詞組合成的語句，這時即開始發展句型，其語言的詞彙漸漸增多，句子也漸漸增長。

　　進入幼兒園幼幼班（2-3歲）的幼兒所說的語句大部分已是完整句，能聽懂人們說的話，並給予適當的回應，還喜歡聽簡短的故事、唸兒歌，能記住故事和兒歌的內容，並開始口述故事的敘事經驗，即按照發生順序敘說事情；二至三歲的幼兒所理解的語意是連結於他們具體經驗的人事物，在語用方面能仔細地聽同伴說的話，並適當地反應同伴問的問題。

　　幼兒園小班（3-4歲）幼兒所說的語句基本上都是完整句，句法發展的過程是從簡單句到複雜句，也學會為了不同的溝通需要而使用問句、否定句、或疑問句等不同句型，還喜歡聽成人說故事或跟著唸兒歌；在語用方面，已能逐漸察覺何時該說什麼、以及對誰該說什麼的有關規則。

　　幼兒園中班（4-5歲）和大班（5-6歲）的幼兒已能和成人自由交談，並能以更清楚的發音、更多的詞彙、更複雜的文法敘說事情；說話內容已能超越當時具體的情境，稱為「去脈絡化語言」（decontextualized language），意指所說的內容不是說話當時發生的事情，且能使用抽象的語言型式（如代名詞、連接詞、形容詞等）；在語用方面，已能察覺他人可能有不同於自己的立場，而能因應聽者的不同能力而隨時調整其說話內容，與他人作有效的溝通。

　　一般生理和心智發展正常的幼兒大都能在出生後四至五年內，在自然成長的日常生活中，經由個體內在的機制能力以及與外界環境的實際互動經驗中，不需經由正式的教導或刻意的訓練，就可以頗為順利地獲得聽和說的口語能力，幼兒的口語發展和學習可說是一個自然進展的過程。

二、口語的功能

　　語言是在被需要時而被使用，幼兒在實際生活經驗中形成說話的需要而使用語言的功能。社會語言學家Halliday（1975, 2002）指出語言發展是兒童逐漸「學習如何意指」（learn how to mean）的過程，幼兒在與他人互動時所做的事情是有其涵義的，這個涵義會被轉換成口語；換言之，幼兒早期的口語發展是依據功能而來，幼兒早期使用口語具有下列七種功能：

(一)工具的語言

　　用來滿足需要、完成某件事、或獲取某物，在幼兒最早期的語言可能用來滿足個人的需要、食物、或愛（如：「我肚子餓了，我要吃點心」、「幫我寫名字」），到了較後期則形成禮貌的要求（如：「請你把那枝蠟筆給我」、「我可以跟你們玩嗎」）。

(二)規定的語言

　　用來叫別人做某件事或控制別人的行為，常用在規則管理的情況（如：「不要吃手指」、「大家快點收玩具了」）。

(三)互動的語言

用來與他人相處、建立與他人的社會關係、以及協調和表達友誼（如：「客人好」、「你是我的朋友，所以你可以玩我的玩具」）。

(四)個人的語言

用來表達個人的內在情感和想法，藉以建立自我的認同、自尊、自信心、或歸屬感（如：「我快要六歲了，我是大哥哥」、「我好喜歡吃三明治」、「我還會幫媽媽炒菜哦」）。

(五)想像的語言

用在趣味和想像的扮演、玩聲音和押韻的語言遊戲（如：「叮咚叮咚，有人在家嗎」、「汽車來了，叭叭叭」），常表現在戲劇、詩歌、歌曲、和故事（如：「我是一個神仙公主，啦啦呼啦啦」）。

(六)探究的語言

用來問問題或發現事情，藉以探究和認識外界環境（如：「這螃蟹在幹什麼啊」、「那像是一隻鱷魚，鱷魚會不會吃人」）。

(七)訊息的語言

用來與人溝通訊息、或傳遞資料訊息給別人（如：「我爸爸說日曆上有國旗，就可以放假」、「蘋果有的是紅的、有的是綠的」）。

上述的語言功能顯示幼兒的語言發展是由於他們需要使用語言以及語言對於他們的意義，幼兒學習說話即須置身在語言功能被有效地使用著的環境。

三、口語和讀寫的關聯

　　幼兒口說語言發展所涉及之語音、語法、語意、和語用的結構系統，與其書面語言的發展亦有所關聯（Anderson, Moffatt, McTavish, & Shapiro, 2013）。在英文的拼音文字系統中，幼兒對於語音內在結構的覺察辨識之聲韻覺識（phonological awareness），即能發現和操弄語音的音素、音節、或其他字音部分，有助於理解語音轉化之字母符號（Phillips & Torgeson, 2006）；研究發現，聲韻覺識和音韻記憶是預測幼兒解碼和閱讀理解能力的一項指標（National Early Literacy Panel, 2008）。在一字一音的中文系統中，聲韻覺識亦是篩檢早期讀寫發展困難幼兒的一個重要向度，例如讀寫發展困難的幼兒常不會模仿老師唸讀童謠的節奏、複述詞語的發音不正確、難以記住新詞彙的讀音、難以區辨相似的語音音節或詞彙等（王嘉珮，2011）；中文讀寫發展困難幼兒在聲韻覺識的能力表現低落，並且比一般幼兒的表現差（麥玉芬，2012）。在一字一音的中文系統中，聲韻覺識和中文閱讀能力的關係並非如拼音文字般必然存在，但中文的聲韻覺識和注音符號一起教學，則可產生相輔相成的學習效果（曾世杰，2009）。

　　再者，幼兒對於語法和語意結構的理解，即理解字詞或句子的文法規則和意義，有助於其閱讀和故事的理解和創作；幼兒對於口語使用規則的覺知與運用，亦可促使幼兒注意到書面語言的運用規則和方式，例如須使用正式的字彙或標準的文法，有關語法和語意的口語能力關聯到閱讀的解碼相關技巧（Storch & Whitehurst, 2002）。

　　幼兒使用去脈絡化語言的口語能力亦連結到幼兒的讀寫，當老師唸書給幼兒聽時，幼兒聽到的書面語言是去脈絡化的（decontextua-lized），即脫離幼兒日常熟悉的脈絡；幼兒為了理解聽到的書寫

文本（written texts），必須只從聽到的語言中形成書中有關的概念，亦即必須理解去脈絡化的書面語言（Dickinson & Tabors, 2001; Mckeown & Beck, 2007）。

幼兒的口語發展是藉著主動建構語言而獲得語言，幼兒在一個語言豐富的環境中持續使用語言與人互動，因而增進口語的發展；這類口語發展的研究發現也激發了研究者進行幼兒如何學習閱讀的研究，因為閱讀涉及了語言的使用，幼兒在閱讀過程中使用他已知的語言結構和語言運作的一般知識，測試每個字如何適合於正在閱讀的脈絡。有關幼兒閱讀的研究（Chomsky, 1972; Snow & Perlmann,1985）即顯示閱讀和口語發展之間的關係，幼兒的語言發展和其閱讀圖書的經驗呈現明顯的正相關，幼兒語言發展的階段愈高，其接觸圖書的經驗亦愈多；經常閱讀的幼兒常來自於口語豐富的家庭，這些幼兒傾向於使用描述性的口語和複雜的口語結構，口語幫助幼兒學習如何發現周遭世界的意義，而閱讀書中的語言能帶領幼兒超越其原有的口語型態。

如前述幼兒使用口語的功能一樣，幼兒亦可發現或經驗到讀寫的書面語言具有下列功能（McGee & Richgels, 2012）：

(一)提醒訊息和記得訊息（如：看到爸爸寫購物單）。

(二)送出訊息、超越時間和距離（如：看到家人寫信、發e-mail）。

(三)與人們溝通（如：讀寫便條的留言）。

(四)建立認同（如：讀寫置物櫃上自己的名字）。

(五)記錄訊息（如：看到老師寫下今天缺席的幼兒名字。）

(六)增加知識（如：觀看網路上的資料訊息）。

幼兒需置身在語言或文字被有功能地使用著的環境，有機會配合其個人各種不同的需要和目的，有意義地使用和發揮語言或文字的

功能（Temple, Nathan, Burris, & Temple, 1988）。在家中，一般父母並不常特意地教幼兒讀和寫，幼兒常是在有功能的語言互動、社會環境、故事分享、和真實的生活經驗中自然地學習讀和寫（Taylor, 1983）。在日常生活中，幼兒可看到人們的口語和讀寫行為常是一起發生，例如當家人需要與人溝通時，有人直接說、有人則寫便條；為幼兒唸讀故事書時，父母翻著書頁、述說書中的圖畫、指著書中的文字、唸讀著文字，口語和讀寫的圖像和文字一起運作而創造故事的訊息（Teale, 1986）。幼兒即經由這些生活中的口語和讀寫經驗，發展著與人互動和溝通訊息的能力。

　　近代的語文研究即著重於幼兒在與他人互動的有目的、有功能的活動中，如何學習口說語言和書面語言，語文課程的目標是幫助幼兒在日常生活經驗中因應著各種目的而運用口說語言和書面語言；換言之，語文課程的目標是讓幼兒變成為更有溝通能力的社會成員（Dyson & Genishi, 1993）。我國《幼兒園教保活動課程暫行大綱》之語文領域目標（教育部，2013a），即首先揭示「體驗並覺知語文的趣味與功能」，讓幼兒有許多體驗和探索語文的機會，從中感受語文的趣味和覺知語文的功能。

☺ 參　幼兒讀寫萌發的概念

　　1980年代起，幼兒早期讀寫研究迅速增加，這些讀寫研究在各種不同文化或社經場所的家庭或幼兒園中，運用實地觀察、訪談、或個案研究等方式，研究發現幼兒經常是在實際的讀寫經驗中學習和發展讀寫（International Reading Association, 1986; Mason & Sinha, 1993; Teale & Sulzby, 1986, 1989）。1990年代起，我國亦有幼兒讀寫概念和發展的相關研究（如：李連珠，1992、1995；吳敏而，

1994；楊怡婷，1995；宋慶珍，2005；林文莉，2009）。幼兒讀寫萌發的概念是根據實證研究的基礎，著重於從幼兒的觀點、而非成人的想法瞭解幼兒的讀寫發展，歸納而言，幼兒早期讀寫萌發的主要概念包括下列四項：

一、幼兒在生活中即開始學習讀寫

在一個讀寫的社會，嬰幼兒從出生幾個月起就在生活中的玩具、積木、和圖畫書中接觸各種圖像或文字，二至三歲的幼兒即開始辨識生活環境中的符號、標誌、和一些文字，同時開始從畫圖、塗寫中試驗書寫，這些現象顯示幼兒在被正式地教導讀寫之前，讀寫即已經在幼兒生活環境中萌發（宋慶珍，2005；林文莉，2009）。幼兒開始接觸環境中的文字，並且持續與文字互動的過程中，即逐漸建立下列有關讀寫文字的發展基礎（Goodman, 1986）：

(一)實際環境中的文字知覺：幼兒在充滿文字的實際生活環境中經常與文字互動，從中探索和發現文字的意義、特徵和規則。

(二)應用環境中文字的知覺：幼兒從接觸圖書、雜誌、和信件的經驗中，開始瞭解文字的溝通功能。

(三)書寫的功能和形式：幼兒經由塗塗寫寫的經驗中，逐漸認識各種書寫功能和形式。

(四)瞭解口說語言和書面語言的關係：幼兒從許多口語和塗寫的經驗中，逐漸瞭解口語和文字之間的相互關係。

(五)對於書面語言的後設認知：幼兒試著分析和解釋書面語言是如何運作。

　　根據李連珠的研究（1992、1995），三至六歲的幼兒在未接受正式的閱讀書寫教學之前，對於環境中的文字已有高度知覺，透過組織、假設、考驗、修正等過程而逐漸發展對於文字的概念，並且持續尋求語言代表關係的各種假設；在閱讀和書寫過程中，幼兒著重於尋找意義，認定文字是承載意義的媒介，幼兒對語意的關注總先於對形式的注意。

　　吳敏而（1994）研究我國幼兒的文字概念，發現在文字的用途方面，幼兒能知道生活中常用物品上的文字與該物品有關，而且會利用文字與該物品的關係來猜認文字；在閱讀文字的規則方面，四歲的幼兒就能熟悉中文的閱讀順序規則，以及具有一字一音的概念；在漢字的特徵方面，四歲的幼兒就有字形辨別和從字中找出部首的能力，而且逐漸能看得出寫顛倒的字是錯誤的字，表示已有漢字整體結構的概念。

二、幼兒在入學之前已有讀寫經驗

　　許多研究顯示幼兒入學之前，在家裡並沒有經過正式的讀寫教導，而能很早即開始讀寫和喜愛讀寫，幼兒在家中的讀寫經驗之共通特徵是擁有豐富的讀寫材料、產生功能性的讀寫事件、以及人際互動式的讀寫經驗（Dyson & Genishi, 1993; Leichier, 1984; Salinger, 1996; Taylor & Strickland, 1986）。

(一)擁有豐富的讀寫材料

　　讀寫的材料在家裡隨手可得，在家裡隨處可見各種讀寫材料，讓幼兒自由選擇運用。在閱讀方面，不同年齡的幼兒有各種不同的書，成人的圖書、雜誌、報紙、和工作有關的資料也在家裡隨處可見。在

17

書寫方面，幼兒常喜歡紙筆的活動，很早即在紙上塗塗畫畫，許多幼兒自己發明似乎對他們有意義的書寫系統，為了讓幼兒探索和試驗他自己的書寫系統，家裡也提供各種尺寸的白紙、筆、蠟筆、色筆、黑板和粉筆等書寫材料，讓幼兒自由選用。

(二)產生功能性的讀寫事件

幼兒在家中運用讀寫的環境，常是幼兒熟悉的、對幼兒有意義的、並融入幼兒生活中，包含幼兒熟悉的、能感知的人事物。幼兒在家裡或與家人外出時，常自然地產生有功能、有作用的讀寫事件，這些事件關聯到真實的生活環境，成為日常家庭功能的一部分。家人常隨機運用環境中的文字，隨時和幼兒討論，或指著字唸給幼兒聽，讓幼兒察覺文字在日常生活的功能，例如：爸爸應幼兒的要求，唸書給他聽；媽媽為幼兒唸餅乾盒上的說明，看看餅乾是否過期；讓幼兒在書架上利用封面找一本特定的書；幼兒問街道上的路標、商店招牌、或交通標誌在說些什麼；幼兒翻看報紙上的連載漫畫和玩具廣告；在雜貨店，要媽媽唸讀蔬菜上的標示給幼兒聽；幼兒要求媽媽在一張圖畫上，代筆幫他寫一個故事；幼兒隨意塗寫一封信給爸爸等。

(三)人際互動式的讀寫經驗

幼兒在家中常與其父母、兄弟姊妹、或其他家人互動和分享，幼兒在試驗或嘗試讀寫時，常能獲得認可、指導、解釋、或其他回饋。當幼兒發問有關圖書和文字的問題或試驗他的讀寫預感和想法時，家人給予的說明、支持、和鼓勵，持續引導著幼兒澄清有關讀寫的概念。尤其父母常唸書給幼兒聽，讓幼兒熟悉書中語言和認識書面語言，以培養幼兒對閱讀的興趣和策略；在家裡，成人和幼兒之間的許多互動行為影響閱讀的品質，這些行為包括：發問、回答問題、示

範性的對話和回應、稱讚、提供資料、引導式的討論、分享個人的反應、和聯結生活經驗的概念。讀寫常被視為重要的、愉快的家庭活動，父母是幼兒參與讀寫活動的示範者，父母自己常閱讀各種材料，如：小說、雜誌、報紙、和工作有關的資料，並且常帶幼兒到圖書館借閱圖書或到書店買書；另外，也常提供幼兒許多擴展其讀寫背景資料的經驗，例如到郵局、超級市場、公園、博物館、和銀行，並且常與幼兒談論這些日常的讀寫經驗。

三、幼兒學習讀寫是一種社會歷程

　　幼兒讀寫的發展是經由讀寫在真實生活環境中被用來達成目標，讀寫的功能是學習讀寫過程的一個統整部分，幼兒會期待著閱讀和書寫是有意義的活動，知道文字可用來溝通，有關讀寫萌發的研究即顯示讀寫不只是學習一個認知技巧，而是一個複雜的「社會心理語言活動」（sociopsycholinguistic activity），幼兒早期的讀寫發展是依據幼兒在社會、心理、語言、和認知各方面，與其周遭環境中人們的互動和參與（Ollila & Mayfield, 1992）。讀寫發展是一種文化適應的歷程，幼兒經由各種社會活動並藉著他人的引導和協助，內化活動中使用的口語和書面語言而逐漸增進語文能力（Pellegrini & Galda, 1993）。

　　研究發現幼兒是在社會情境中開始試驗書寫的語言（Gundlach, McLane, Stott, & McNamee, 1985），幼兒經由書寫者的示範（例如寫信的父母親、在學校學寫字的兄姊、幫幼兒代寫其口述故事的老師），而觀察到書寫的行為，這些書寫者常讓幼兒參與書寫的活動，並且樂於幫助幼兒學習如何寫字；而有時候，父母親、較年長的兄姊、或幼兒園老師是扮演一個欣賞的觀眾角色，鼓勵幼兒試驗書寫，

並且對於幼兒所寫的作品給予反應和回饋。幼兒書寫的事件是產生於人際關係的持續互動中，幼兒在與父母親、兄姊、或老師的互動關係中試驗著寫字，在嘗試寫字時接受幫助、尋求幫助、或有時拒絕被幫助，這樣的人際互動關係即是幼兒早期書寫發展的社會基礎。

四、幼兒是學習讀寫的主動者

　　讀寫萌發的概念強調幼兒在學習閱讀和書寫的過程中，就如同他們學習說話一樣，是一個主動的參與者和建構者。幼兒在學習口語時常會發生錯誤，尤其是語法上的錯誤，反映出他們正試用著語言的知識，並試著從中尋找語言的規則。同樣地，幼兒在閱讀或塗寫字時發生的錯誤，也顯示幼兒不斷地試用著他們對語法和語意的知識和規則，或根據字形的線索尋找文字的意義，或試圖建構或呈現字的樣式和特徵，有時為了保留自己所使用的規則和維持上下文的貫串，甚至連本來認識的字也可能會唸錯，其實成人在閱讀時也是用相同的策略（吳敏而，1996；Teale & Sulzby, 1989）。因此，幼兒在發展過程中的說話和讀寫表現，雖尚未完全符合習俗慣用的形式，其實不能被視為錯誤，而是有創意、有邏輯的主動建構過程。

五、閱讀和書寫相互關聯發展

　　讀寫萌發的概念是將讀和寫視為一體，幼兒的閱讀和書寫是同時相互關聯發展，而不是先學習閱讀、再學習書寫；書寫是藉著建構文字、而再建構意義，閱讀則是藉著建構被預期的意義、而再建構文字（Chomsky, 1972; Ferreiro & Teberosky, 1982; Vygotsky, 1978）。例如：Bissex（1980）的個案研究分析其兒子的讀寫發展，即具體顯示讀和寫的共同發展過程：

(一)第一個階段：五歲的兒子在紙條上自發地塗寫 "RUDF"
（意指 "Are you deaf ？" 你是聾了嗎？）然後拿著紙條輕推
著媽媽，想要引起她的注意。

(二)第二個階段：孩子開始試著唸讀食物包裝上的標籤、標誌、
和他自己的名字，父母協助他選取環境中的資料，鼓勵他嘗
試書寫，孩子也開始觀看和嘗試讀更多的字。

(三)第三個階段：孩子在六歲之前更擴展他的讀和寫，會注意和
討論字音型態，試著使用字母的線索和脈絡唸讀新的字。

(四)第四個階段：孩子在小學一年級結束時，不再要求父母唸書
給他聽，這時他自己讀小說、漫畫、字典、年鑑、和百科全
書，也開始為他自己的目的而寫，將自己的所有物列表、記
錄個人的活動，甚至寫了一本歌本和建立他自己的難字拼音
表。

　　幼兒閱讀和書寫的發展是相互並進，接著以下兩節是為了進一步
呈現幼兒閱讀發展和書寫發展的過程，而分為「讀的萌發進展」和
「寫的萌發進展」兩節分別加以說明。

☺ 肆　閱讀的萌發進展

　　閱讀是獲得資訊和傳達訊息的過程，其訊息包括符號、圖案、標
誌、和文字，當幼兒注意到環境中的符號、圖案、標誌、和文字，並
運用生活經驗和知識去推測、辨認、思考這些訊息的意義時，閱讀即
已開始萌發進展。

一、嬰幼兒的閱讀發展

圖書是幼兒閱讀發展的主要媒介，二歲之前的嬰幼兒最初萌發的閱讀圖書行為呈現下列情形（Burns, Griffin, & Snow, 1999; Morrow, 2012）：

(一)出生至三個月：對於書的反應是不穩定的，常喜歡咬書和拉扯書頁，有時則安靜地看著書。

(二)三至六個月：顯得較能投入看書，開始注意看圖畫，常抓起書試著放在嘴裡。

(三)六至九個月：可能試著翻書頁，可能發出聲音或用動作顯示他的投入和愉快，開始顯得較喜歡以前唸過給他聽的書。

(四)一歲：顯得更投入聽故事書，可能爭著要自己翻書頁，喃喃發聲像是在唸書，常主動找尋書中他熟悉的東西。

(五)一歲至二歲：能分辨一本書的前面和後面，開始辨認書中角色的名字，常會主動看圖敘說。

隨著年齡的成長，兒童閱讀發展大致分成三個階段（Burns, Griffin, & Snow, 1999；Cochrane, Cochrane, Scalena, & Buchanan, 1984）：

(一)萌發的讀者（emergent reader）

1. 有興趣握拿著書。
2. 注意環境中的文字
3. 將書中的圖畫命名。
4. 將熟悉的書中故事，重組自己的說法。
5. 辨認出自己的名字。

6. 辨認某些字。

7. 喜愛重複的兒歌和童謠。

(二)早期的讀者（early reader）

1. 瞭解文字是有意義的。

2. 重組故事時，常依循原作者的文字。

3. 要唸書給別人聽。

4. 在各種情況中辨認熟悉的字。

5. 知道故事結構的主要因素（如：重複的形式、神仙故事、呈現問題的故事）。

(三)流暢的讀者（fluent reader）

1. 閱讀能力建立在先前的階段。

2. 能自動處理文字的細節。

3. 能獨立閱讀各種文字的形式（如：菜單）。

4. 能以適合於文字形式的速度閱讀。

　　進入幼兒園的二至六歲幼兒閱讀發展屬於上述萌發的讀者和早期的讀者階段，二至四歲幼幼班和小班的幼兒為萌發的讀者，四至六歲中班和大班的幼兒為早期的讀者。這兩個階段的閱讀特徵顯示幼兒以他們自己的方式探索圖畫、圖像、和文字，並逐漸擴展處理更多圖像和文字材料的能力，接著再進展至小學階段成為流暢的讀者。

二、幼兒閱讀故事書行為的發展

23

　　Sulzby（1985a）研究二至六歲幼兒在閱讀自己「喜歡的故事書」時萌發的閱讀（emergent reading），她請幼兒「唸你的書給我

聽」，發現幼兒用來唸書的話語明顯不同於他們平常說話的結構和語調，幼兒以口語唸讀圖書的閱讀行為，是持續利用書中的圖像或文字來重構故事的內容，其閱讀行為可分成下列發展階段：

(一)注意圖畫，但未形成故事

幼兒指著圖畫述說畫中的物品名稱（命名），將每一頁當作是獨立的，常跳著翻頁，而不是聯結成一個故事。

(二)注意圖畫，和形成口語的故事

幼兒跟隨著圖畫，以類似某個人在說故事的字句和語調，敘說整本書，聯結成一個故事。

(三)注意圖畫、閱讀、和說故事的混合

幼兒看著圖畫唸讀，有時以一個說故事者的語調唸讀，有時則以一個讀者的語調唸讀。

(四)注意圖畫，形成書面的故事

幼兒看著圖畫唸讀，唸讀的字句和語調好像在閱讀類似故事中的文字，有時類似逐字地唸。

(五)注意文字

此階段又分成四種行為表現：

1. 因注意到書中的文字，而不願意唸讀故事。
2. 部分地唸讀：唸讀文字的某些部分，有時著重幾個認識的字。
3. 以不平衡的策略唸讀：常過度省略不認識的字，以自己認識

的其他字代替，或是過於倚賴自己預測的或記得的字，而不是書上的字。

4. 獨立的唸讀：幼兒自己能唸讀書上的字。

以上列舉的閱讀行為顯示二至六歲幼兒以口語唸讀圖書時，閱讀圖書或文字的行為進展；幼兒唸讀圖書的語言，是由非敘事的、進展至敘事的語言，並且是由類似口語、進展至類似書面敘事或逐字地唸讀；幼兒最初只專注於書中的圖畫，指著圖畫或命名，看著圖畫唸讀故事，最後才獨立唸讀文字，即是從圖像或圖畫為主的閱讀、進展至以文字為主的閱讀。

楊怡婷（1995）參照Sulzby的幼兒萌發的閱讀研究，探究我國幼兒閱讀一本「新的圖畫故事書」時呈現的閱讀行為發展，亦是先觀看圖像（圖畫）而後才試著看文字，其發展可依序分成下列三個階段，其中又細分為八種閱讀行為類別：

(一)第一階段：看圖畫，未形成故事

這是年齡較小幼兒的閱讀行為特徵，主要是看圖說話，將每一個圖畫當作是現在的一個靜止意象，常跳著翻頁，翻看到某一頁，即指著一個圖畫說出圖中事物的名稱或特性。例如：

1. 指名和述說

幼兒將每一個圖畫看作是現在的一個靜止意象，常跳著翻頁，翻看到某一頁，即指著一個圖畫說出圖中事物的名稱或特性。例如：

　　草、魚和青蛙（指著第2頁和第3頁的圖畫）

　　這個是兩隻鳥、一隻魚、然後一隻蝴蝶、兩隻鳥、一隻青蛙（指著第5頁和第6頁的圖畫）

2. 注意圖畫中的行動

幼兒注意到圖畫中的行動，將其看作是目前正發生的行為，一面用手指著圖畫，一面述說其行動。例如：

> 青蛙和魚游過去，青蛙看到鳥，魚看到鳥
> 魚看到牛，青蛙也看到牛
> 魚在看天空
> 魚在樹下倒過來
> 青蛙在吃魚

3. 口語說故事，未形成故事

幼兒以日常的口語說話方式述說書上的圖畫，內容缺乏邏輯連貫，無法形成完整的故事，且與書上故事情節不同。例如：

> 有一個青蛙跟一個那個什麼魚，還有一個青蛙跟一個魚呀！然後又有一個青蛙跟一個魚，然後小鳥都來了，蝴蝶也是，然後魚也來了，然後突然間有一個牛，然後牠們都跑走了。

(二)第二階段：看圖畫、形成故事

在此階段，幼兒能從圖畫中看出故事的連貫性，而說出與書上部分情節內容相似的故事。

4. 口語說故事，形成故事

幼兒能以日常的口語說話方式表達一個聽者可以瞭解的故事，故事中部分情節與書上內容相似，且故事中包含許多口語連接詞，如：

「然後」、「後來」、「還有」等。例如：

> 青蛙牠在找小魚，小魚在找青蛙，然後那個青蛙就爬到
> 上面，然後小魚要追青蛙。然後青蛙又跳下來，小魚又要去
> 找那個青蛙。然後青蛙跟小魚都看到上面有好多鳥，然後牠
> 們就爬上去跟著牠們玩。

(三)第三階段：試著看文字

幼兒開始注意到書上的文字，這一階段又可分成四種閱讀行為表現：

5. 部分地讀

幼兒注意的焦點是在他所認識的幾個字上。

6. 以不平衡的策略讀

幼兒在讀文字時，對於他不認識的字所採取的策略是省略不唸、或以他認識的其他字代替、或是倚賴他自己預測或記得的字而不是書上寫的字，有時則尋求一旁的成人唸給他聽。

7. 獨立地讀

幼兒自己能唸讀書上的字，能自我糾正，不依賴成人，對於他不認識的字所採取的策略是省略不念、或改以合於上下文意思的字來替代。例如：「小魚兒『急切地』問」、改成「小魚兒『急著』問」；「他用力將小魚兒『推』回池塘裡」、改成「他用力將小魚兒『送』回池塘裡」。

8. 獨立且完全閱讀

此時幼兒識字頗多，已經可以唸讀完整個故事。

上述的研究結果顯示，幼兒閱讀圖書行為的發展是先觀看圖像（圖畫）、未形成完整的故事，然後看圖說出完整的故事，最後才試著看文字，並且隨著幼兒年齡的增長，其閱讀行為的發展亦漸趨成熟；研究還發現幼兒的閱讀行為發展受到自身閱讀興趣和閱讀頻率的影響，幼兒的閱讀興趣愈高，其閱讀行為發展階段愈高，幼兒是每日經常的閱讀者，其閱讀行為發展階段也較高。

伍　寫的萌發進展

一般的觀念認為寫的意義就是坐在桌前椅子上，拿著筆在紙上或作業簿的格子裡，一筆一劃地寫出一個一個特定的字。然而，參照國內的研究（黃意舒、莊貞銀、盧美貴，1995）發現，使用練習簿之寫字教學造成幼兒手指僵硬，寫字反而會很不自如。俄國發展心理學家Vygosky（1978）即指出：如果只強調教幼兒寫幾個特定的字，而不著重在書面語言，就像教幼兒彈鋼琴，只強調學習手指的靈活和按鍵，而沒有進入到音樂自身的本質。

當幼兒發現某物品可以由另一物品替代或表現時，即表示他學會使用表徵系統，Vygosky指出書面語言是一種特定的象徵系統，是由次於口說語言之第二順位的象徵意義逐漸變成直接的象徵意義；書面語言是符號的特定系統，這些符號代表口說語言的聲音和符號，而口說語言則是代表真正的實體和其間關係；然後，當居中聯結的口說語言逐漸消失，書面語言即逐漸變成直接象徵實體和其間關係的符號系統，兒童欲精通如此一種複雜的符號系統，不能只以機械的外在方式完成，而是累積了兒童複雜的行為功能之長期發展過程。

一、寫的意義及概念

Vygosky（1978）強調書面語言的象徵意義，認為書面語言的學習主要是讓幼兒由手勢、畫圖適當地轉換為書寫文字，書面語言開始於手勢（或姿勢）的出現，手勢是幼兒的一個視覺符號，亦可說是在空中的書寫（writing in air），而書寫符號通常就是已經被固定的手勢。手勢被聯結成為書寫符號的起源，可透過幼兒的畫圖和遊戲兩方面來分析。

在畫圖方面，幼兒常用手勢描畫他所要顯示的圖畫，而圖畫的筆跡即是代表了這個手勢，例如一位幼兒要畫「跑」，他先是用他的手指描畫「跑」的動作，並且將其畫在紙上的點線視為「跑」的一個代表，畫圖可說是產生於拿著筆的手所形成的手勢。畫圖開始於幼兒的口語已進展成習慣，幼兒開始先是畫他記憶中所知道的，而不是畫他在眼前所看到的事物。當幼兒不再畫他記憶中所貯藏的事物，而是畫他所要說的、就像在說一個故事，畫圖即成為來自於口語的圖像式語言。畫圖是幼兒書面語言發展的一個開始階段，幼兒逐漸發現他在紙上畫出的線條筆跡能代表某些事物的意義。當幼兒發現畫圖不僅能畫東西、也能畫口說的話，這個發現即能引發幼兒對於寫的探索。

而在遊戲方面，手勢被聯結成為書寫符號的起源是透過幼兒遊戲，在遊戲中某些物品成為幼兒的符號，可能用來執行一個表徵的手勢，這是幼兒遊戲象徵功能的重點。例如一堆布或一個木塊在遊戲中變成一個娃娃，是因為這些物品可應用在相同的手勢，這個手勢是抱一個娃娃在手上或餵一個娃娃；又例如一根木棍變成幼兒的騎馬，是因為木棍能放在兩腿之間、並且能應用於騎的一個姿勢，顯示木棍能代表一匹馬。在遊戲中，幼兒的自我動機和他自己的手勢（姿勢）溝通，給予某個物品的象徵功能和意義，在幼兒較早階段遊戲中的象徵

主要是以口語呈現，然後轉換成書面語言，例如在遊戲中先是以口語指稱某個物品（命名），然後轉換成寫這個物品的名字。

　　Vygosky強調書面語言的象徵意義，即強調要讓幼兒發現寫的象徵功能，書寫應是對幼兒有意義的、成為幼兒生活的需要，而不只是動作技巧的機械式抄寫練習。Dyson（1985）即發現抄寫（copy）和自由書寫（free writing）對於幼兒有不同的意義，幼兒會認為抄寫是必須完成的功課、抄寫時必須寫出整齊的字型，而幼兒在自由書寫時，則認為自己可自由地將內心的想法轉化為書寫的內容和方式。

　　Blazer（1986）進入一所充滿讀寫材料、幼兒可自由書寫的幼兒園，訪談五歲幼兒對於書寫的概念，研究發現幼兒的書寫概念呈現了情感的、知識的、溝通的、和創造性的多重反應：

(一)情感的反應

有關對文字的情感，例如：

　　　問幼兒：「人們為什麼要寫字？」
　　　幼兒回答：「因為他們喜歡它」、「因為他們要給人們東西」。

(二)具體的知識

有關文字的具體樣式，例如：

　　　問幼兒：「什麼是寫字？」
　　　幼兒回答：「你用一枝筆做的某個東西」、「作出許多字母」。

(三)結構的知識

有關寫字的溝通功能和意義，例如：

　　問幼兒：「什麼是寫字？」

　　幼兒回答：「當你把字和句子放在一起用來說某件事情」、「它就像是寫下來的談話」、「就是用字和句子告訴住在遠處的人們一些事情」；

　　問幼兒：「人們為什麼要寫字？」

　　幼兒回答：「寫信給人們、寫事情、寫新聞、寫發生什麼事」、「告訴人們事情」。

(四)創造性的反應

有關文字使用的想像性和抽象性，例如：

　　問幼兒：「寫字和畫圖一樣嗎？」

　　幼兒回答：「一樣，因為這兩種都是使用你的想像」、「想像就是想著你不知道的事情」。

　　再者，Clay（1976）研究發現使用英語之紐西蘭地區四至七歲幼兒在書寫時，運用符號（sign）、訊息（message）、空間（space）、頁和書本（page & book）之四種書寫概念；宋慶珍（2005）研究姪子三至四歲三個月期間的中文書寫萌發作品時，亦發現個案幼兒書寫時運用這四種概念：

(一)符號概念

文字符號具有特定的代表關係和標示作用，例如簽名是代表自己的符號。

(二)訊息概念

說出來的話可以寫下來，書寫的符號是具有意義的訊息，可用來與人溝通。

(三)空間概念

在畫圖或書寫文字符號時，以空白或畫框框的方式區隔畫圖或文字符號，或在文字符號之間增加標點符號以作為區隔。

(四)頁面安排與書本概念

當無法將想要寫的字放在同一行或同一頁時，即調整字體的大小或尋找多餘的頁面空間來塞字，或只寫出部分的字體、寫不下的部分則中斷遺漏；書的概念與閱讀發展聯結，書是由一頁一頁組成，書有書名，書名寫在封面上，封面上寫著書的作者，書裡有圖畫和故事。

二、寫的探索過程

幼兒學習書寫的方式和學習閱讀相當類似，都是透過嘗試、試驗的過程，幼兒覺得好玩地在紙上塗塗畫畫、在紙上溝通訊息、探索寫字的各種形式、混合著使用畫畫和寫字、裝飾和發明字的形狀和樣式，幼兒開始瞭解他塗寫在紙上的筆跡似乎是有意義的。幼兒知道如何寫出如同習俗慣用的（conventional）字形之前，是先知道寫字的用途（Gundlach, Mclane, Stott, & McNamee, 1985）。

　　幼兒早期的書寫發展經由Vygosky所述的手勢、畫圖、遊戲轉換為書寫，幼兒在能正式書寫人們習俗慣用的字形之前，常經過下列的探索過程（Clay, 1976）：

(一)首先察覺書面語言（如：自己的名字）是有意義的。

(二)經由觀察環境中的文字，發現寫字是一再重複使用少數幾個筆劃。

(三)發現寫字是使用少數幾個筆劃的變化方式，這種發現促使幼兒自發地嘗試寫字，探索字是如何形成的。

(四)經由字形的探索試驗，進一步察覺形成字的筆畫只能有限度地變化，幼兒早期書寫的許多錯誤都是這種適應的過程。

(五)發現在日常的招牌、日用的盒子、或圖書上的字，似乎存在著某些次序或上下左右方位的原則。

(六)察覺畫圖和寫字的差異，常將自己所畫的圖畫命名、或將寫的字和畫聯結在一起，這種行為顯示幼兒形成了符號概念，察覺文字是特定代表某些事物的符號。

　　在英語拼音文字環境成長的幼兒，隨著年齡的發展，常會嘗試下列書寫的探索方式（Bissex,1980; Ferreiro & Teberosky, 1982; Luira, 1978; Ollila, 1992; Sulzby, 1985b）：

(一)畫圖

　　當幼兒被要求寫字時，常用畫圖來代表書寫，藉以記錄自己當時的想法和發生的事情，並且還會「讀」出他所畫的意義，就如同在讀文字一樣。

(二)塗寫

約兩歲的幼兒常同時享受塗寫（scribble）的動作和筆跡顯示時的視覺滿足，有些塗寫的筆跡在開始時可能是不穩定的，然後形成圓形或方盒形、或加上稜角，而逐漸變得更像字母，塗寫的方向常如同成人一樣由左至右，這個現象說明此階段的幼兒已經知道書寫是一種溝通工具，知道自己可以使用或創造不同樣式的線條並告訴他人線條的意義，此時期的塗寫線條可說是幼兒最早期的書寫作品。

(三)類似字母

約三至四歲的幼兒察覺到人們寫在紙上的筆跡是有目的的，還察覺到為了形成一個可讀的字，通常至少需要三個以上的字母組成，而會試著製造出三個以上類似真正字母外形的符號，但還不能掌握真正的字母字形特徵。

(四)字母串

當幼兒形成有關字的概念時，常使用一連串看起來類似字母、真正的字母、塗寫、和圖畫結合成的形狀，有時還會變化字母的順序，排列組合成不同的字母串。

(五)發明的拼字（invented spelling）

許多幼兒開始探索語音和字形的關係時，通常開始於一個單字，一個字母可能代表一個單字，或可能使用第一個和最後一個字母代表一個單字；然後，幼兒開始將母音的字母放在字的中間，接著再以他所聽到的字音形式寫成完整的字，字形亦逐漸趨近人們習俗慣用的樣式。

(六)習俗慣用的字形

幼兒書寫文字如同習俗慣用的字形。

上述英文書寫探索過程並不是直線式的階段性發展，即使已會寫出習俗慣用英文字形的兒童，仍然會在書寫中同時使用塗寫、字母串、或發明的拼字。其中所謂發明的拼字（invented spelling），根據幼兒文字知覺的研究（Read, 1971, 1986）顯示，幼兒與文字接觸之初是先著重於文字表意的功能性目的，再轉而注意文字形式，因此幼兒在書寫探索達成習俗慣用的字形之前，常有自行發明字形和自創拼字的情形，而常被成人視為需要及時糾正的錯誤，但幼兒自創拼字的這種錯誤，是反應出他們對於英語音韻覺識的能力，應被視為幼兒學習書寫的必經發展過程，並不表示他們將會永遠拼錯字母。

類似上述英文書寫探索的六個過程，亦呈現於宋慶珍（2005）研究個案幼兒在家中的中文書寫萌發作品，包括圖畫、潦草塗寫、近似的字、堆疊的字、發明的字、和習俗慣用的字之六種書寫型式；其中英文拼音系統具有的特徵「類似字母、字母串、發明拼字」，在一字一音、獨立方塊外形之中文書寫系統則分別是「近似的字、堆疊的字、發明的字」；中文「近似的字」與習俗慣用的中文字形類似，但未具備習俗慣用字形之組成特徵；中文「堆疊的字」是將文字的一些部件或元素，以上下左右等方向堆疊組合；中文「發明的字」可由外觀猜測或會意幼兒書寫的是什麼字，初期發明的字是筆劃的重疊、筆劃間未留適當距離作區隔，後期發明的字只有少數筆劃是幼兒自己發明的、或是一個字裡少了一、二個筆劃。以上這六種中英文書寫外在型式的出現都沒有順序性，有時會同時出現不同的書寫型式。林庭玉（1999）的研究亦發現南臺灣地區227位幼兒的書寫型式，近似於西

方使用英語之幼兒的書寫發展階段（包括：手勢塗鴉、直線反覆書寫、隨意字形書寫、字音結合、發明拼字），惟臺灣幼兒的中文書寫較無呈現發明拼字。

　　李連珠（1992、1995）的研究則顯示我國三至六歲的幼兒在書寫過程中，嘗試使用各種不同的代表符號，包括：正確國字、習俗慣用國字、可辨認國字、近似國字、圖畫、數字、注音符號、標誌、英文字母、或不可分辨的符號等，藉以表達不同的意思，其中大多數幼兒的書寫型式接近中國文字習俗慣用結構，即使不是正確的中國字，也是外形近似，反映出幼兒對中國文字特質所作的各式假設與發明；因此幼兒對於寫的探索並非只著重字形的寫字練習，而是先不拘文字的型式，透過與環境中文字的持續互動，持續進行假設、測試、發明、與修正的認知過程，逐漸注意書寫與習俗慣用字形的關係，書寫型式即逐漸趨向習俗慣用的字形。

支持幼兒讀寫萌發的課程觀點

CHAPTER 3

　　有關幼兒讀寫課程與教學的理念觀點，基本上可分成兩種不同的觀點取向，一種是以意義爲本的取向（meaning-based approaches），著重於在讀寫資源豐富的教室，進行對幼兒和當時情境有意義的讀寫活動；另一種是以技巧爲本的取向（skills-based approaches），著重於幫助幼兒練習需要的讀寫技巧；而同時強調讀寫的意義和技巧之課程觀點，則另形成一種融合的取向（a blended approach）（Christie, Enz, Vukelich, & Roskos, 2014, pp.8-12）。本章說明幼兒語文教育之讀寫課程觀點的演變，並闡述幼兒讀寫萌發概念延伸融合之課程觀點。

壹　讀寫課程的觀點取向

　　本節分別說明讀寫的技巧取向、讀寫的意義取向、以及融合讀寫技巧與意義的課程取向。

一、讀寫的技巧取向

　　在市面上或幼兒園常可看到幼兒的識字讀本、作業簿或寫字練習本，其內容常包括一般認爲的讀寫準備技巧，例如：視覺方位的辨別、圖形的分類和配對、字形的辨認、認識部分和全體的關係、眼手的協調、描圖、著色、連連看、線條練習、筆畫筆順練習等，這些教材著重於記誦、知覺訓練、或動作技能的反覆練習，以教導幼兒練習一系列的讀寫技巧。

　　有關讀寫準備技巧的教材，可說是延襲著傳統語文教學界所持之「閱讀準備度」（reading readiness）的概念，認爲兒童需要先學會某些預備的技巧，才能開始閱讀（Mason & Sinha, 1993）。我國幼

教界的語文教學亦常可聽到「讀前準備」或「寫前準備」的說法，讀前準備著重視覺的辨別、分類、和配對，寫前準備著重眼手的協調和手肌肉的操作練習，其中即含有讀寫準備技巧的涵義，因此需要先瞭解有關閱讀準備度的概念來源。

　　從二十世紀初開始即被提出的閱讀準備度概念，認為成熟是閱讀準備的先決條件，這主要是來自於發展心理學家Gesell的發展成熟論的影響，其主張發展是成熟的結果，認為兒童到了發展成熟的時刻才能學習，因此需要等待兒童已經發展成熟，準備好開始閱讀，才可施予閱讀的教學。

　　在1930和1940年代，受到發展成熟論的觀念影響，興起許多閱讀的標準測驗，用來測知兒童是否達到了能學習閱讀的成熟度，測驗的項目通常包括某些特定的技巧，這些技巧被視為可幫助兒童準備閱讀的基本因素，而其閱讀技巧不足的部分，學校則加以訓練，以為藉此可增進兒童的閱讀準備度，而原先等待成熟的觀點反而逐漸消弱了。

　　在1950和1960年代，由於認知發展的研究顯示幼兒期是認知發展很重要的時期，因此等待兒童成熟的觀點受到質疑，轉而在幼兒期即透過教學增進幼兒的成熟，使幼兒能準備閱讀；其教學的內容開始包括一系列被視為閱讀先決條件的技巧，例如包括：聽覺的辨別與記憶（辨認相同的聲音和字音）；視覺的辨別與記憶（辨認顏色、形狀、和字形）；眼手協調和視覺動作技巧（如：用剪刀剪直線、著色畫）；身體動作能力（如：跳、走直線）；以及其他一般的認知技巧（如：分類語音、字形、和字義，認識部分和全體的關係等）。

　　這些感覺運動技巧和認知技巧都被假設可轉換成讀寫技巧，這樣特定技巧的教材即常出現在市面上或幼兒園的幼兒作業簿或練習本，這類教材簿本常假設幼兒都有類似的發展水準，教幼兒練習一系列在

假設上與閱讀有關的感覺運動和認知技巧，藉以讓幼兒獲得閱讀的能力。然而，這樣特定的技巧訓練和教導，其實遠離了原來發展成熟論的觀點，卻是傾向於行為主義的教學方式，認為兒童的需要與興趣是可以被改變和操弄，教學應運用系統化的增強以塑造兒童的行為，將各種基本的知識和技巧逐步漸進地教給兒童。

延續讀寫準備技巧的觀點，學校傳統的讀寫教學方式常是一種程序性的、著重技巧的教學取向，認為知識存在於外在的實體，而強調在成人預定的程序中，有系統地教兒童重複練習一些特定的讀寫技巧，例如記誦詞彙、複述書中的句子、重複抄寫字等（Salinger,1996）。在我國幼兒的教室中，亦可見全班幼兒坐在座位隨著老師複誦語文教材或更換書寫一本又一本的練習本（簡楚瑛、廖鳳瑞、林佩蓉、林麗卿，1995）。

二、讀寫的意義取向

語文教育界有關讀寫萌發的概念和全語言的概念，皆是著重於讀寫的意義，如以下所述：

(一)讀寫萌發

從1970年代起，愈來愈多有關幼兒閱讀發展的研究開始質疑閱讀準備和行為主義的教學方式，很少研究能證明兒童是經由感覺運動和認知技巧發展出閱讀技巧，而有許多研究發現兒童常是在實際的閱讀經驗中發展出閱讀技巧，即是在閱讀中學習閱讀（Mason & Sinha,1993）。這類研究即採用讀寫萌發的觀點，意指兒童學習讀寫是一個持續發展的過程，兒童在此過程中展現的讀寫行為即是真正的閱讀和書寫，亦即已經開始進行真正的讀寫過程，而不是讀寫之前的預備

階段。讀寫萌發的觀點強調讀寫的目的、文字的功能、以及讀寫對於幼兒的真實意義，而不是練習一組抽象和孤立的讀寫技巧。

如第二章所述讀寫萌發的概念，幼兒入學之前在家中的讀寫萌發經驗常是功能性的、人際互動式的，而不是像學校傳統的讀寫技巧教學常是由教師主導和指定一群幼兒同時進行。比較幼兒在家中和在學校（幼兒園）的閱讀經驗和書寫經驗常有之差異，可進一步分別顯示讀寫的意義取向和技巧取向，兩者有如下的差異情形：

1. 在閱讀經驗方面（Schickedanz, 1982）

幼兒在家裡的閱讀方式常是父母為抱在手臂上、坐在他們膝上、或坐在一起的孩子唸書，讓孩子看得到書中的圖畫和文字；而教師則常是為坐在較遠處的一群幼兒唸書，每位幼兒無法都能清楚看到書中的圖畫和文字。父母讓孩子自己選擇要唸的書，並且為孩子一再重複唸相同的書；而教師則經常由自己選擇要為幼兒唸的書，並且只唸一次。父母常讓孩子自己翻書頁、停下來看圖畫或問問題、或沿著文字一直唸下去；而教師則經常自行設定唸讀的速度、自己翻書頁。在家庭日常生活如清晨、晚餐後、或睡前的床邊故事時間，幼兒隨時都可接觸書；而在學校固定的作息時間中，幼兒接觸書的時間較為侷限。

2. 在書寫經驗方面（Sulzby, Teale, & Kamberelis, 1989）

幼兒在家裡的書寫過程和形式常是短暫而多樣的，幼兒常在這裡塗塗、在那裡寫寫，他可能將其塗寫的幾條線稱作是一個故事、然後又稱作是給祖母的一封信，畫畫、塗寫、發明的形式可能被使用、捨棄，然後又再被使用；幼兒在學校則是長時間固定坐在桌前的椅子上，一筆一劃地練習寫字。幼兒在家裡隨意塗寫字，常成為他發展自我意識和力量的象徵，例如將一枝筆拿給一歲半的幼兒，他即在紙上塗寫，看著自己塗寫的筆跡，被它所吸引，然後再繼續塗寫，當幼兒試著塗寫字時，父母常試著幫忙，但幼兒有時會拒絕這個幫忙，

父母可能即停止幫忙，幾天之後，幼兒自己試著寫字，沒有父母從旁幫助，幼兒先會感到挫折，不久，幼兒可能超越挫折，寫了他要寫的字，然後很高興地將他所寫的拿給父母看，這個過程顯示幼兒正在使用個人的力量；幼兒在學校則常被動的寫字，主要是由教師指定的作業。幼兒在家裡的書寫可自由採用許多形式，如畫畫、塗寫、或試著組合字形；兩歲的幼兒常在家裡塗塗畫畫，並且逐漸分辨出他的塗畫是為了寫字、或是為了畫畫；三、四歲的幼兒在畫畫時開始使用如同字的線條圖樣，也可能開始產生習俗慣用的字形；幼兒在學校則常一開始即被要求寫出如同習俗慣用的字形，其間沒有經過探索的過程。幼兒在家裡可於建構活動中運用寫字，其過程可能需要許多天才完成，例如使用紙和紙板箱建構房子、畫裝飾物，然後在上面寫一些相關的字或轉換字形樣式，因此激發幼兒對於書寫功能的思考，並使用書寫作為美感的表達方式；幼兒在學校則常是在特定的時間，在作業簿的固定格子裡寫一些特定的字，做機械式的筆劃練習，沒有聯結至相關的活動。

(二)全語言

1980年代，語文教育界興起的全語言（whole language）概念強調語言是「完整的」（whole），不可切割成語音、字彙、詞彙、和句子等片段，這些片段不能拼湊成真實的語言；語言的學習也必須是完整的，不可被劃分成內容或技巧的部分，必須包含對學習者個人有意義的語言。幼兒在豐富的語文環境中常自然地進行談話、閱讀、和書寫的經驗，幼兒在與周遭人們談話中自然地學習說話，從日常交談中發展他們自己的語言規則系統；幼兒在進入學校接受正式的識字教學之前，即已在日常生活中開始閱讀，而如果成人過於強調孤立的字彙教學，常會阻礙幼兒的閱讀過程；幼兒的書寫開始於畫圖，藉著畫

圖和塗寫與他人溝通訊息，與周遭的成人或友伴分享和討論他們寫的字（Dyson & Genithi, 1993）。

　　全語言的概念根據心理語言學的觀點，認爲閱讀不是一個字一個字的解碼過程，而是一種心理語言的猜測遊戲，閱讀者參照其對於訊息的預測和語言運用的知識，同時運用字形、句法、和語意的線索以建構文字的意義；全語言的教學即強調有意義的溝通，就如同幼兒在生活中聽到成人功能性地使用口說語言，幼兒也看到成人有意義和有目的地使用書面語言；幼兒想要溝通，所以他們會注意到討論的話題、文字中的資料、圖書和書寫作品、以及探究生活中的活動，藉以尋求和建構有意義的溝通，幼兒的學習是從他們周遭的世界建構他們自己的意義（Heald-Taylor, 1989; Raines & Canady, 1990）。

　　全語言在臺灣亦是頗受重視的語文教學取向，曾世杰、簡淑眞（2006）回顧心理學和教育學界有關全語言爭議的文獻，結論是全語言的教學效果是因學生特質而定，全語言教學可能較適合先備經驗優勢的中、高成就兒童，然而對弱勢、社經背景低落、和低成就兒童的學習可能是不利的；換言之，全語言教學反對脫離情境的技巧練習，而強調不需要直接教導意義之外的讀寫技能，此種教學方式較無法幫助弱勢、社經背景低落、和低成就兒童讀寫能力的進步。

　　簡淑眞（2012）在針對弱勢幼兒早期閱讀介入的研究中，即兼採技巧和意義的閱讀取向，讓弱勢幼兒同時兼顧解碼技巧的學習以及覺察文字是有意義的，研究採行以解碼爲重的聲韻教學（著重破解聲韻密碼的技巧）、識字教學、和繪本教學三種介入方案，結果三種介入方案的即時效果都很顯著，其中聲韻教學對於幼兒的聲韻及注音能力、識字教學對於幼兒的識字量、以及繪本教學對於幼兒的詞彙能力都有明顯的提升效果，且介入效果延續到小學一年級上學期末。此教學研究即是以下融合或平衡讀寫技巧和意義之實例。

三、融合讀寫的意義與技巧

　　讀寫的技巧和意義取向各有所偏重，可能並不適用於所有幼兒的學習，因而主張兼採讀寫的意義與技巧的融合或平衡取向，讓每位幼兒都有機會以適性合宜的方式獲得讀寫的意義和技巧，一方面在意義為本的讀寫教學活動中，讓幼兒在文字豐富的教室經常閱讀圖書，與人分享閱讀和書寫，進行有意義的讀寫活動以增進讀寫的學習；另一方面在技巧為本的小團體和個別的教學活動中，教師以有目標的教學方式幫助幼兒學習讀寫的核心知識技巧，包括讓幼兒練習聲韻覺識、字彙知識、文字的概念知識、和流暢的閱讀等（Christie, Enz, Vuke-lich, & Roskos, 2014, p.12）。

　　技巧和意義對幼兒早期讀寫教學都有其重要性，技巧著重於重複的練習，意義則是知道在讀寫時如何使用這些技巧，因而這些技巧可成為有用的、有意義的策略（Strickland & Riley-Ayers, 2007, p.49）。讀寫萌發的觀點原著重於讀寫的意義，但並不是反技巧的（anti-skill），而是將技巧視為整體的讀寫發展之交互聯繫部分，幼兒在發展和學習讀寫策略的過程中將隨之獲得技巧（Ollila & May-field,1992; Strickland & Morrow, 1989）。

　　更進一步從綜合的觀點著眼，讀寫的過程涉及閱讀者或書寫者、文本（text）、和讀寫產生的情境（context）三者之間的交互關係，讀寫的進行是閱讀者或書寫者個人的先備知識和經驗、文本的類型和特徵、以及書寫產生的社會文化情境的互動過程（Rosenblatt, 2004）。幼兒讀寫萌發進展的過程，即涉及幼兒個別的先備知識和能力水準、以及幼兒個別的社經背景和文化經驗，因此接著第貳小節先闡述讀寫萌發的情境，第參小節闡述因應幼兒個別的能力水準，支持幼兒讀寫萌發的鷹架。

☺ 貳　支持讀寫的情境

　　幼兒早期讀寫能力的發展來自於幼兒與周遭環境的互動，尤其深受生活中重要成人（父母、教師）的影響（Newman, Copple, & Bredekamp, 2000）。例如：林文莉（2009）以個案研究法探索自己陪伴孩子於四歲期間在家的書寫萌發情形，母親給予幼兒足夠的時間書寫、回應與協助幼兒的書寫需求、示範與支持幼兒擴展書寫的行為及概念、並透過提問瞭解幼兒的書寫概念發展，讓幼兒得以在真實生活情境中主動建構書寫的意義；彭信禎（2006）以個案研究法探究兩位幼兒在教室中的讀寫萌發，發現幼兒個人動機與興趣、環境刺激、師生互動、親子共讀為主要影響因素，家庭的閱讀活動也會影響幼兒在學校的讀寫表現，因此，家庭和學校（幼兒園）都需提供幼兒豐富的讀寫情境。

一、讀寫情境在生活中的意義

　　閱讀和書寫是人們的生活方式，透過生活行動顯示當時讀寫的意義和功能，例如：人們閱讀商品的標價以決定是否要購買，人們在信封寫上收信人的地址以便讓郵差按址送信。廣義而言，讀寫情境在人們生活中的意義，參照人類學家和語言學家Heath（1983）的社區觀察研究，研究美國兩個勞工階層的白人和黑人社區的人們，在日常生活中說話、閱讀、書寫的形式、內容、結構、和功能，研究發現人們書寫時的每日生活情境（context）常會影響人們對於文字意義的解釋，文字意義在社區生活中具有不同的內在結構、目的、和用途的訊息。如表3-1（社區人們閱讀的型態）和表3-2（社區人們書寫的型態）所列，其中顯示社區人們運用閱讀和書寫的型態是多樣的、並落實於生活所需的功能。

表3-1　社區人們閱讀的型態

<u>工具的</u>： 　閱讀用來達成日常生活的實際目的 　（標價、支票、帳單、電話號碼、時鐘、街道標誌、門牌號碼） <u>社會互動／娛樂的</u>： 　閱讀用來維持社會的關係、做計畫、介紹討論的主題、和說故事 　（問候卡、漫畫、信函、報章上的專欄、政治的傳單、社區會議的公告） <u>消息有關的</u>： 　閱讀用來知道遠處發生的事件 　（當地的新聞項目、來自社區中心或學校的傳單） <u>證明的</u>： 　閱讀用來獲得態度或信仰的支持 　（聖經、車上的小冊子、貸款期票、帳單）

（引自 Heath, 1983, p.198）

表3-2　社區人們書寫的型態

<u>幫助記憶</u>： 　書寫用來提醒，偶爾用在其他目的（電話號碼、行事曆） <u>代替口語的訊息</u>： 　書寫用在當直接口語不可能溝通或令人困窘時 　（學校缺席紀錄、問候卡、信函） <u>財務的</u>： 　書寫用來記錄數字、總額、和附註 　（在支票和表格上簽名、記錄所得稅的數額） <u>公眾的紀錄</u>： 　書寫用來宣告教堂服務的情況和即將到來的事件，和用來記錄財務和政策的決定

（引自 Heath, 1983, p.199）

二、讀寫情境的內涵

　　如前第二章第參節論及讀寫萌發的概念強調讀寫學習的社會歷程，幼兒早期的讀寫發展是一個綜合社會、心理、語言、和認知的活動，是經由讀寫在真實生活環境中被用來達成目標。在幼兒園的教學過程，引發幼兒的活動也常強調要先有情境布置，但是其所布置的情

境常主要只是物理的情境，例如：在牆上張貼圖片、字卡，在布告欄展示些海報、通知，或是製作幾件相關的教具；然而這些表面上的琳瑯滿目，並不能完全展現幼兒讀寫萌發所需要的社會、心理、語言、和認知的機能，讀寫萌發所需要的情境有其更深度的意義和更廣度的內涵。

　　在兒童智能發展過程中，須經由四種情境（context）：物理情境（physical context）、社會情境（social context）、心智情境（mental context）、和歷史文化情境（cultural- historical context）（Ceci, 1993）。物理情境是形成學習情境的外在條件，如光線、色彩、或教室布置等，提供兒童探索的機會；社會情境是與他人互動的經驗和想法，歷史文化情境是日常生活經驗累積形成的文化價值觀，兩者會影響兒童的知識建構歷程；兒童在成長過程中建立認知結構，與他人互動時會運用既有的認知結構來表徵外界的刺激，此表徵系統即是個體的心智情境。個體建構知識所在的情境因素，常會影響個體建構知識時的表現，兒童常主動建構對其有意義和有興趣的訊息，例如研究發現，幼兒之間或幼兒和成人之間所形成的社會情境，常促成幼兒有關書本和文字的談話以及幼兒自發的書寫（Waring-Chaffee, 1994）。

　　在家庭生活中有關幼兒讀寫情境的意義和內涵，以下引用一則筆者的觀察紀錄（黃瑞琴，1995）作為說明的實例：

　　　　兩歲九個多月的薇玟，星期天常跟著爸爸媽媽到阿嬤（祖母）家玩，阿嬤家的電話放在一張書桌上，電話旁放著一本記事用的週曆和原子筆。

　　　　薇玟常要阿嬤抱她站到書桌前的椅子上，薇玟即拿起桌上的電話筒，說著：「喂喂」，接著嘰嘰咕咕地說起來，還

47

不時點點頭、笑幾聲。阿嬤有時也會假裝是在電話中和薇玟
說話：「喂！我是阿嬤，你是薇玟嗎？你在做什麼啊？」

　　薇玟對著電話筒說著說著，常隨手拿起電話旁的原子
筆，在週曆上塗寫起來，看著自己塗寫出來的筆跡，似乎
被它所吸引，又再繼續塗寫著。（見圖3-1：幼兒塗寫的筆
跡）

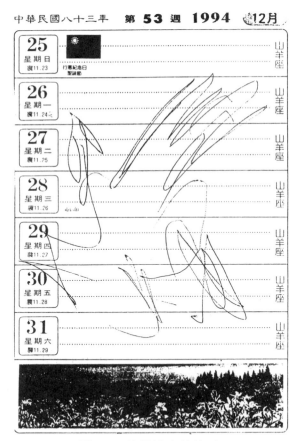

圖3-1　幼兒塗寫的筆跡

　　在薇玟的家庭生活經驗中，在家裡可能常看到爸爸、媽媽一面聽電話、一面在便條紙上寫些什麼，在幼兒園可能也看到教師一面聽電話、一面在紙上寫些什麼，在祖母家也常看到祖母或叔叔一面聽電話、一面在週曆上寫些什麼。祖母讓薇玟玩電話，還假裝和薇玟在電話中說話，參與她的遊戲之中，還讓薇玟拿著筆塗寫字。

　　如前第二章第伍節論及幼兒寫的萌發展現，需要察覺到文字是有意義、有功用，幼兒在能正式寫字之前，常先在隨意塗寫的過程中，認識文字在社會互動和溝通上的意義和功用。薇玟一面玩電話、一面拿著筆塗寫，顯示她察覺到成人常一面說話、一面在紙上寫些什麼，說話和塗寫之間似乎存有著某種聯結的關係，是不是說的話、也能在紙上寫出來，薇玟在玩電話的遊戲中，試驗著說話和塗寫之間的關係，同時也在試驗著這些塗寫出來的東西是什麼樣子、有著什麼作用。薇玟一面玩電話、一面塗寫，並非只是模仿她曾看到的成人的動作，而是在繼續延伸和探索她從日常環境的文字接觸中，逐漸察覺的文字是什麼樣子、有著什麼作用。薇玟日常接觸文字的生活經驗（黃瑞琴，1995），例如：

(一)要求媽媽重複唸相同的故事書給她聽。

(二)玩有印字的玩具積木。

(三)看到成人看報紙，也把一張一張報紙攤開來翻看。

(四)拿著藥瓶，指著瓶子上的說明文字，問祖母：這是什麼。

(五)常拿著筆在廣告單、舊雜誌、或撕下的日曆紙上，隨意畫畫、塗塗、寫寫，然後拿給爸爸、媽媽看，要求幫她寫上名字。

　　參照前述情境的物理、社會、心智、和歷史文化內涵分析薇玟玩電話和塗寫的事例，祖母家的電話、原子筆、週曆、書桌、和椅子，是直接引發薇玟塗寫的物理情境；祖母和薇玟說話並且一起玩，是支

49

持和鼓勵薇玟塗寫的社會情境；薇玟有關電話和文字的日常生活經驗背景，是形成薇玟塗寫的歷史文化情境；薇玟在玩電話的遊戲中，試驗著說話和塗寫的關係，是建構薇玟塗寫的心智情境。這些塗寫的材料、身邊成人的支持互動、日常的生活經驗背景、以及有關書寫知識的建構歷程，即相互聯繫形成幼兒書寫發展的情境內涵。這些情境在薇玟的日常生活中自然形成，而又自然地交互融入薇玟書寫萌芽發展的歷程。

因此，支持幼兒讀寫的情境內涵不僅是物理情境的布置，還需要進一步形成幼兒建構讀寫的歷程。兩歲九個多月的薇玟在真實的生活環境中，以及與周遭人事物的互動過程中，已在持續地探尋著文字是什麼樣子、有著什麼作用；薇玟上了幼兒園之後，幼兒園的環境即需繼續提供這樣的書寫萌發與展現的情境，其中包括：有許多圖書和文字材料讓幼兒閱讀、有各種型式的紙筆讓幼兒書寫探索（物理情境），以形成一個邀請與引發幼兒試驗和進行讀寫的氣氛；幼兒有與成人或同儕互動、溝通交談、共同參與讀寫的許多機會（社會和歷史文化情境），而自發地融入讀寫活動中；當幼兒親身發現和體驗讀寫圖像或文字的作用和樣式，並從中探索自己作為一個閱讀者和書寫者的方式和感覺（心智情境），幼兒早期的讀寫行為和能力即可逐漸萌發展現。

參 支持讀寫的鷹架

知識是植根於生活情境的一種工具，個體建構知識的過程必須在有意義的生活情境中進行，透過與環境互動的過程和參與情境中的活動，才能真正掌握知識，並能有效地運用所學得的知識，例如在生活環境中遠比從字典中更容易獲得有關「字」的知識。個體在情境中學

習應包含兩個重點，一是讓個體在情境中從事有目標性的活動，與人產生對其有意義的互動歷程；二是個體在情境中，必須透過父母、教師、或同儕的參與，引導個體積極地參與活動（幸曼玲，1995）。這兩個重點應用於幼兒的讀寫學習情境，即除了讓幼兒在情境中從事有目標的讀寫活動，還必須適時地支持和引導幼兒參與讀寫活動。

　　支持與引導幼兒讀寫學習和發展的過程，可參照Vygotsky提出的「最近發展區」（Zone of Proximal Development，簡稱ZPD）概念，幼兒被比喻為建築物，透過其父母、教師、或能力較高的同儕參與和支持，可依照幼兒的能力搭建如建築物結構暫時需使用的「鷹架」（scaffolding）（Moll, 1992），藉以幫助幼兒建構起更高層次的知識和能力。

一、支持讀寫的鷹架

(一)鷹架的概念

　　鷹架的概念是參照Vygotsky提出的「最近發展區」理論，最近發展區是指一個假設的、機動的、能產生學習與發展的敏感地區。Vygotsky認為學習與發展從兒童出生起即相互關聯，為了發現兒童發展過程與學習可能性的真正關係，必須要確定兩種發展水準：

　　1. **真正的發展水準**（actual developmental level）

　　這是一位兒童已經被建立之心理機能的現有發展水準，是兒童自己能獨立解決問題的心理能力，通常使用測驗測知一位兒童的心理年齡，即是針對兒童真正的發展水準而言。

　　2. **潛在的發展水準**（level of potential development）

　　這是經由成人指引或與較有能力的同儕友伴合作解決問題，兒童可能達到的較高發展水準。

　　在兒童現有「真正的發展水準」與可能達到之較高的「潛在的發展水準」之間的距離，即被稱為「最近發展區」。兒童今天所在的最近發展區，透過學習的過程，將是明天真正的發展水準；換言之，兒童今天在成人或同儕的協助下所能做的，將是明天他自己能獨立做的。

　　參照最近發展區的概念，學習如果只是定位在已經達到的發展水準，對於一位兒童的全面發展是無效的，因其學習不是朝向一個發展過程的新階段，而是落在發展過程之後，因此，好的學習須是位在發展之前的。學習的本質是創造最近發展區，唯有當兒童與其環境中的人們互動以及與同儕合作，學習才能喚醒兒童內在的發展過程，一旦這些過程被內化，它們即變成兒童獨立發展成就的一部分。因此，學校的學習過程需能經由每位兒童的內在心智，激發兒童的發展過程。

　　根據最近發展區的理論概念，兒童的發展是動態性的，兒童需要引導而不只是等待能力發展的結果。在最近發展區內有效的教學互動，是採用如建築物暫時使用的「鷹架」（scaffolding）（Moll, 1992），讓兒童在成人的指導和同儕的合作中獲得社會支持及鷹架維持，而能超越他現有的發展水準，朝向更高的發展水準。例如：摘引自Pflaum（1986）列舉的三至四歲和四至五歲幼兒讀寫的獨立水準是幼兒真正的發展水準，而成人引導的水準即是經由成人指引而可能達到的潛在發展水準（參見表3-3：幼兒讀寫的發展水準）。

表3-3　幼兒讀寫的發展水準

讀寫類型	3-4歲幼兒的獨立水準	成人引導的水準
故事書 興趣 瞭解故事 尋找故事	很熟悉一、兩本非常喜愛的書和詩；如它們被人唸錯，能辨認出來 能述說事件的順序 樂於參與故事時間	對新的故事感興趣；會問問題 能談論一個故事 渴望幫助成人找書
閱讀的概念 文字和圖畫 閱讀的目的 故事的部分 字的概念	能指出書中包含的故事 被問及閱讀目的時，能找到書或報紙等 能回答有關故事順序的問題 辨認出書名的字	能說出圖畫和文字呈現的不同 談論各種閱讀的媒介 明確地談論故事的部分 能辨認字句的開始和結束
書寫 練習 名字	被要求時，能塗寫字 學習自己的名字	渴望向一位表示讚賞的成人顯示自己在寫字 談論有關文字的想法 學習名字並要求學習更多字
讀寫類型	4-5歲幼兒的獨立水準	成人引導的水準
故事書 熟悉 慣例 喜愛 目的	知道幾本故事書的書名 至少知道一本書的片段 經驗學校和家中例行的閱讀 可能喜愛一種類型的書 確知閱讀的各種理由	述說幾本書的特定事情 知道幾本書的片段 確知有關閱讀的慣例 開始喜愛某種類型的故事書 能辨認閱讀的幾個目的
書和文字的概念 書 閱讀的說詞	知道握持一本書的方式，知道書的何處是開始、結束、頁次、書名等 正確指出頁次、句子、字；說出聲音	能描述閱讀時如何握持一本書的方式，並正確使用說詞 正確說出頁次、句子、字、和聲音
閱讀的概念 文字 穩定	確知故事來自文字 知道來自於文字的故事總是一樣	能解釋為什麼文字在說故事 能分辨口語和文字呈現的型式，並試著描述其間的不同
書寫 練習 名字	被要求時即書寫符號 喜歡用筆寫名字	因各種目的而書寫 要求協助寫其他名字

（摘引自 Pflaum, 1986, pp.138-139）

(二)鷹架的支持方式

參照鷹架的概念，幼兒是一個主動建構自我的建築體，社會環境則是協助幼兒持續建構新能力的必要支架。鷹架的主要目標是讓幼兒從事在其最近發展區內的工作，一方面使其工作經常配合幼兒的能力和需要，另一方面則使其工作隨時保持適當的挑戰性，調整成人的指導和同儕的合作。

成人提供的鷹架支持方式，包括口語的訊息和操作的協助，例如示範、指導、發問、鼓勵、回饋或反應。基本上，成人須先瞭解幼兒的能力和興趣，並且敏感察覺幼兒目前已知道、或幼兒自己能做的部分加以支持，而由成人指導幼兒還不能自行做到的部分。當幼兒面對還不能自行做到的新課題時，成人應將此課題簡化，指點出新課題與幼兒既有知識和經驗之間的相似性或共通處，讓幼兒能察覺其間的關聯，而對新的課題有所瞭解；接著，為提升幼兒的發展水準，成人可建議超乎幼兒現有能力之稍微困難的活動，並從旁給予示範、指導、發問、鼓勵、回饋或反應。然後，當幼兒能獨立勝任時，成人即可淡化協助者的角色，退居為觀察者或情緒支持者，放手讓幼兒自己去做，此時即撤除了鷹架。除了成人的指導，幼兒同儕之間也可互相提供有效的鷹架支持，較有能力的幼兒可作指導者，能力相近的幼兒也可互相觀察、聆聽、發問、示範、試驗、評論、瞭解彼此的想法和感受，在這過程中也能提升幼兒的自我調節能力。

Soderman、Gregory和McCarty（2005）以鷹架理論為基礎，說明成人在協助幼兒閱讀或書寫的發展時，主要須考量的因素和扮演的角色：

1. 鷹架的考量因素

(1) 瞭解幼兒的先備經驗

幼兒的讀寫發展是漸進的過程，幼兒早期的經驗受到年齡、性別、腦組織、和社會文化經驗等因素的影響，每個因素都可能影響幼兒讀寫能力的發展。

(2) 考量讀寫的互動處理過程

此過程涉及父母和教師等成人在幼兒讀寫過程中的參與度、扮演的角色、和所持的教育哲學觀與態度。

(3) 評估幼兒讀寫的結果

成人應瞭解幼兒的讀寫需求，以延伸其原有的讀寫進展。

2. 鷹架的成人角色

(1) 示範讀寫的使用

成人於日常生活中常在兒童面前閱讀與書寫，讓幼兒看到成人在閱讀與書寫的價值觀，因而想要學得這些讀寫技巧。

(2) 提供幼兒有目的之讀寫

幼兒經由日常生活溝通，例如書信的訊息交換中，學習到文字是具有意義和功能的資訊。

(3) 期待幼兒成為一位讀寫者

成人常會期望幼兒學習寫自己的名字與閱讀書籍，但是不宜希望幼兒的讀寫都有很快速的進展，以免影響讀寫發展較慢的幼兒。

(4) 回應幼兒的讀寫

瞭解幼兒讀寫進展的成人，能接納幼兒意圖創造意義的書寫與複述喜愛的故事，並給予幼兒回應；不瞭解幼兒讀寫進展的成人，則可能不願意提供幼兒讀寫的時間與材料，因而壓制幼兒對於讀寫的嘗試。

以下是針對幼兒書寫的發展與學習，成人提供鷹架的個案研究（Gundlach, McLane, Stott, & McNamee, 1985）之實例：

一位四歲男孩吉樂米的父母常唸書給他聽，鼓勵和促進他玩扮演遊戲，提供他需要的書寫工具和材料，並給予反應和協助。

吉樂米主動書寫時，父母常擴展他對於書寫的瞭解，提供他有關書寫活動的建議和定義。例如，吉樂米和媽媽玩辦公室遊戲的對話如下：

吉樂米：（進入媽媽的書房）我可以玩辦公室嗎？

媽媽：你想要做什麼呢？

吉樂米：（停頓一下）寫字。

媽媽：好。（給他一張紙和一枝筆）

吉樂米：我要打開這個辦公室的束西。（打開桌燈）

媽媽：你想要寫什麼？

吉樂米：O和這個其他字母。你看！

（手在空中比畫著，然後在紙上畫一個O和顛倒的L。）

媽媽：我不知道那是什麼字母？

吉樂米：這是一個V。（似乎都寫好了）

媽媽：你寫了什麼？它是一個消息，或是一個故事，或是一個束西？

吉樂米：它是一個故事，但它是一個很短的故事。

媽媽：很好。

在上述的對話中，吉樂米的母親提供的鷹架是察覺吉樂米想要寫

字的訊息，並且願意參與他的扮演遊戲和寫字探索；吉樂米定義他的遊戲主題是辦公室，母親即提供他需要的材料；吉樂米寫了一些字母，母親提示他先確定他自己所寫的，然後提供他另外兩個定義（一個消息或一個故事），此時母親正在暗示他書寫有一些型式（例如消息或故事），並且建議他所寫的可被當作好像具有這些型式。

　　父母平日提供吉樂米書寫活動的鷹架，還包括當觀眾的角色，作為吉樂米書寫時的觀眾，他們是隨時有空的、回應的、支持的、和欣賞的，這些對於吉樂米很重要，因為吉樂米大部分的書寫，只有在當時社會互動的情境中才能產生溝通的意義。書寫是吉樂米與其父母之間關係的一部分，也是他日常活動的一部分，父母所提供的鷹架支持，幫助他確定書寫是一個自然的、愉快的、值得的活動，這時吉樂米顯得正在展現他萌發的書寫技巧，並且正在變成為一位書寫者。雖然不可能預測吉樂米未來的書寫發展，也很難預期未來書寫對於吉樂米的意義和重要性，然而在此時，書寫很明顯的是吉樂米生活中的一個有意義的活動。

　　參照鷹架理論，成人支持幼兒的讀寫發展，需要隨時覺察個別幼兒的讀寫能力和需求，間接提供幼兒讀寫發展的機會或直接指導幼兒如何讀寫，其不同取向的方式包括（Soderman, Gregory, & McCarty, 2005）：

1. 兒童中心取向的「發現學習」

　　是指成人有目標地在環境中加入或減少某些事物，藉以激發幼兒主動探索與發現學習，並隨時給予幼兒支持與協助。

2. 兼具成人與兒童取向的「引導學習」

　　是指成人或較高能力的同儕擔任引導者，幫助技巧能力較低者達成較高水準技巧能力的學習過程。

3. 成人取向的「直接指導」

是指成人直接告訴幼兒要如何做或是提供相關的資訊。

這三種方式本身並無優劣之分，端視成人如何因應個別幼兒的讀寫能力和需求，靈活而彈性地交替運用發現學習、引導學習、或直接指導的方法。如前述成人提供鷹架的個案研究（Gundlach, McLane, Stott, & McNamee, 1985）實例中，四歲男孩吉樂米的父母常唸書給他聽，提供他需要的書寫工具材料和有關書寫的建議，以激發吉樂米主動探索書寫，可說即是兒童中心取向的發現學習法，以下接著說明引導學習和直接指導的方法。

(三)引導讀寫的過程

Vygotsky（1929）將發展分為自然的和文化的兩種發展，自然的發展與一般器官的發展和兒童的成熟有密切的關係，文化的發展則包含文化的經驗、文化行為的習慣和形式、以及思考的文化方法；Mason和Sinha（1993）即參照此文化發展模式，並配合幼兒教育的原則，引伸出引導幼兒獲得讀寫概念的階段。例如：他們參照文化發展模式分析Wolf（1989）觀察研究其女兒在遊戲時思考和回應書中文本的情形，可分成四個發展階段：

1. 第一個階段：幼兒自然的發展

幼兒建立刺激和反應之間的制約反射聯結，受限於其個人的注意、興趣、和記憶。例如：幼兒自發運用書中文字，在遊戲的對話中會借用和模擬故事書中的詞句以及使用書中的概念，例如說；「像玫瑰的臉頰」、「頭髮黑得像夜晚」；當幼兒幫媽媽清理車棚時，注意到一個瓶子中有一隻小青蛙，就借用了故事中的一個問句說：「請你幫我拿我的金球好嗎？」

2. 第二個階段：幼兒經由成人的協助而能超越記憶資源

在這一階段，幼兒會運用一些符號，成人在幼兒能瞭解的範圍內提供其概念的聯結或具體的象徵，藉以維持幼兒的興趣和減少記憶的需要，同時引導幼兒有新的瞭解。Wolf鼓勵女兒扮演故事，擴展孩子對故事的瞭解，例如讀「小紅帽」的故事給女兒聽時，Wolf自己扮演野狼的角色，並鼓勵女兒扮演小紅帽的角色，然後她們一起演出部分的故事對話，Wolf跟隨著女兒的演出，有時也介紹一些微妙的改變，藉以擴展孩子的故事扮演。

3. 第三個階段：幼兒理解如何有效運用符號或工具，應用於新的瞭解和發現

在這一階段，幼兒會獨立運用道具和肢體動作，顯示幼兒已學到如何表現、調整、及擴展其對於故事的瞭解。例如：幼兒聽了有關一個孩子變成一枝箭射向太陽的故事之後，自己即變成故事中的孩子，將手臂伸展成一枝箭的形狀，並且將自己向前射出。

4. 第四個階段：幼兒不再需要外在的符號和物體，轉而成為內化的過程

幼兒開始使用內在的計畫，嘗試運用其先前獲得的知識，閱讀圖書時逐漸不再需要故事圖畫的引導和協助，而能獨立閱讀文字，並且運用自己的想像和推理過程，預測、評論、分析、和綜合書中的概念，因此獲得更多抽象的故事概念。

Mason和Sinha（1993）參照上述發展的四個階段，提出引導幼兒獲得讀寫概念的四個教學階段：

1. 第一個階段：自然的參與（natural involvement）

教師提供幼兒探索讀寫活動和事件的機會，學習的情境愈真實，幼兒愈可能成為有效的學習者，因此這一階段應該是基於日常活動的

學習；真實的學習情境對於幼兒較有意義，並且教師較容易觀察幼兒如何探索、興趣是什麼、以及精通的程度，教師將更知道如何鼓勵幼兒進入第二個階段、需要示範什麼、以及如何介紹或組織一個活動。

2. 第二個階段：中介的學習（mediated learning）

此時教師提供支持或協助，引導幼兒參與新的活動和試驗新的技巧，運用示範和教導的方式幫助幼兒成為自我導引的學習者；當介紹新的主題或程序時，教師先示範所學習的過程，然後教導幼兒試驗其思考過程的技巧。

3. 第三個階段：外在的活動（external activity）或幼兒導引的學習

當幼兒練習和認識如何運用各種策略，他們獲得自信和獨立控制概念，此時教師可為幼兒安排讓其獨立工作和與同儕合作的各種機會。

4. 第四個階段：內在或獨立的活動（internal or independent activity）

此時幼兒能聯結所學的概念、試驗一般的原則、不需要幫助而能自行運作，並且開始有內化的思考、推理、和解決問題的過程；最後，幼兒不需要幫助而能完成工作，並且經由思考和討論概念，而更加瞭解基本的概念。

再者，綜合分析幼兒讀寫教育的相關實證研究（Lonigan & Cunningham, 2013），發現能有效增進幼兒讀寫能力的教學是個別化地因應個別幼兒的需要、能力、和背景，在個別幼兒的最近發展區內提供幼兒技巧發展的明顯鷹架；這些有效的讀寫教學多數是個別或在小團體進行的簡要活動或遊戲，使用溫暖、敏感、和回應的互動方式，適當變化團體的人數和教學示範；平衡採用大人引導（adult-guided）和幼兒引導（child-guided）的方式，提供幼兒需要的讀寫

工具進行幼兒引導的學習經驗，這些有效的讀寫教學都不是長時間的大團體訓練、做練習本、或期待所有幼兒做出相同的作品。

(四)直接指導

　　綜合分析早期閱讀相關實證研究，發現能預測幼兒解碼和閱讀理解之讀寫能力的指標包括聲韻覺識、快速唸名（字母、數字、物體、顏色）、書寫或寫名字、音韻記憶、文字有關概念、文字知識、閱讀準備、和口說語言，這些指標的知識技巧是預測幼兒日後成為成功的閱讀者的條件基礎；而根據閱讀教學的實證研究，幼兒獲得這些知識技巧的有效教學方式是明確且有系統的直接教學、教師的示範和解釋、在一對一個別化或小團體的教學活動、以及引導的和獨立的個別練習（National Early Literacy Panel, 2008）。

　　如前述簡淑眞（2012）於弱勢幼兒早期閱讀介入的研究中，兼採技巧和意義的閱讀取向，採行以解碼為重的聲韻教學、識字教學、和繪本教學三種介入方案；聲韻教學著重於文字覺識（知道文字是表示語音的、且固定的字有固定的語音）、注音符號及結合韻識符、和注音符號的拼讀練習，識字教學著重於文字覺識和認讀常用漢字，繪本閱讀教學則著重逐字指讀繪本和延伸活動；其中聲韻教學和識字教學採行有效的教學原則包括：早期介入、長時間密集教學、明確的教學（以遊戲方式明示注音分割結合原則以及中文筆劃筆順和組字原則）、系統結構化教學和教導策略等明確且有系統的直接教學方式；另外，繪本閱讀教學則部分採用全語言教學的原則，包括聯結幼兒的先備經驗、先猜測情節、以繪本的趣味吸引幼兒閱讀，以及閱讀後讓幼兒以討論、演示、和繪圖之多種方式回應和理解繪本；然而，繪本閱讀教學是由教師選材的外加活動，獨立於其他教學活動，教師進行較多句型的系統指導，且大多是許多幼兒同時讀相同的書，這部分的

61

教學方式則不同於全語言強調之統整教學和幼兒閱讀自己選擇的書。

　　綜上所述，支持幼兒讀寫萌發的課程觀點宜融合讀寫的意義和技巧，綜合閱讀者或書寫者個人的先備知識和經驗、文本的類型和特徵、以及書寫產生的社會文化情境的互動過程，因應個別幼兒的能力與發展，適時引導或直接指導幼兒學習讀寫。

肆　讀寫萌發的內涵

　　參照我國《幼兒園教保活動課程暫行大綱》之語文領域內涵（教育部，2013），本書論述幼兒讀寫萌發課程是著重於幼兒對於圖像和文字的覺察理解以及運用表達。本節說明秉持上述三項幼兒讀寫萌發的課程觀點，支持幼兒讀寫萌發的內容項目，藉以作為課程實施的具體方向和重點。

　　幼兒讀寫萌發的內容項目，綜合參照幼兒讀寫萌發或早期讀寫發展的相關文獻（Chittenden & Courtney, 1989; Davidson & Moore, 2007; International Reading Association and the National Association for the Education of Young Children, 1998; McGee & Richgels, 2012; Morrow, 2012; National Early Literacy Panel, 2008; Nurss, 1992; 宋慶珍，2005），其中有關幼兒讀寫圖像和文字的內容主要可包括：閱讀的態度、圖書的概念、理解書中文本（故事理解）、圖像和文字的概念、以及書寫的知能。以下列舉讀寫萌發的內容項目，教師可分別參考轉化為課程實施的教學目標，或轉化為教學評量之檢核表、評定量表、軼事紀錄的參照項目，在幼兒園日常生活或教學活動中據以觀察記錄和瞭解幼兒的讀寫發展與學習。

一、讀寫萌發的內容項目

(一)閱讀的態度

1. 自發地看書。
2. 要求別人唸書給他聽。
3. 別人唸書給他聽時，注意聆聽。
4. 看書時會發問或與別人討論書的內容。
5. 使用圖書查詢需要的資料。

(二)圖書的概念

1. 知道書是用來閱讀的。
2. 知道握持一本書的方式。
3. 知道從書的前面一頁開始翻閱。
4. 能一次一頁地翻書頁。
5. 知道文字和圖像的不同。
6. 知道書中的圖像和文字有關聯。
7. 知道書的封面標題是書名。
8. 知道書的頁次是標示內容的順序。
9. 知道作者是寫書或畫書中圖像的人。

(三)理解書中文本（故事理解）

1. 聽過故事書之後，會重述故事中的字句。
2. 在日常生活或遊戲中借用故事書中的語言。
3. 重述故事，說出故事的背景（故事的開頭、時間、地點、人物）。
4. 重述故事，說出故事的主題（主角的問題或目標）。

63

5. 重述故事，說出故事的情節（主角如何解決問題或達成目標）。

6. 閱讀或聽故事後，提出有關書中細節或概念的「敘述性」說明或問題。

7. 閱讀或聽故事後，提出有關推測想法或辨認因果的「解釋性」說明或問題。

8. 閱讀或聽故事後，提出有關個人意見或分析文本的「評論性」說明或問題。

9. 以肢體動作、圖像、戲劇等各種方式回應書中文本。

(四)圖像和文字的概念

1. 辨識環境中圖像符號的意思。

2. 知道文字是由左而右、由上而下閱讀。

3. 知道字之間有空隔。

4. 知道口說的話能被寫成字、再被讀出。

5. 知道文字能用來記錄事情。

6. 唸讀環境中的文字。

7. 辨識認得的字。

8. 藉著圖像的線索推測讀出文字。

(五)書寫的知能

1. 試驗書寫的各種材料和工具。

2. 塗寫各種圖像符號，用來表達想法或記錄事情。

3. 請別人代筆寫他想要寫的話。

4. 模擬別人寫字。

5. 嘗試著寫或自創字形，不拘於書寫的程度或正確性。

6. 為自己特定的目的或需要而寫。

7. 將所寫的內容說給別人聽。

8. 能寫自己的名字。

9. 詢問如何寫某個字，要求學寫更多字。

10.試著修正所寫的字，趨向習俗慣用的的字形。

11.與別人討論或合作書寫圖像和文字。

12.探索圖像和文字的電腦遊戲。

二、讀寫萌發內容的實例

參照上述列舉的讀寫萌發內容項目，以下透過簡扼的軼事紀錄和幼兒日常產生的書寫作品，舉例說明讀寫萌發的內容意涵。

(一)軼事紀錄

1. 閱讀的態度

＊看書時會發問或與別人討論書的內容：

　　偉傑到圖書角翻看一本書《森林的三矮人》，看完後就對身旁的宇哲說：「你看，每次都是妹妹比較厲害，灰姑娘也是妹妹，最後也是她贏。」一旁的意欣聽了接著說：「對啊！所以我都要當妹妹。」

2. 圖書的概念

＊知道一次一頁地翻書頁：

　　小英在圖書角的書架上選了一本書，坐到地板上開始翻

閱，翻頁時，小英會用手指揉著書頁，檢查看看有沒有多翻了書頁。

*知道書的封面標題是書名：

　　子軒蹲在圖書館的書架前找故事書。

　　子軒：「我要找白雪公主，青蛙王子。」

　　子軒抽出書架上一本故事書，指著封面上的字問老師。

　　子軒：「老師，這是什麼字？」

　　老師：「青蛙王子。」

　　子軒：「我要看這本書。」

3. 理解書中文本（故事理解）

*重述故事，說出故事的主題（主角的問題或目標）：

　　吃完點心後，黃威在教室唸故事「你有看到我的帽子嗎？」給大家聽，唸完故事，老師問黃威：「為什麼選這個故事唸給大家聽？」黃威說：「因為很好笑！」老師又問：「為什麼你覺得很好笑？」黃威說：「因為跳跳一直找不到帽子，找來找去，還找到內褲，哈哈哈！」

*閱讀或聽故事後，提出有關書中細節或概念的「敘述性」說明或問題：

　　老師說完「國王的新衣」的故事後，小宇舉手說：「老師，我每天都穿『國王的新衣』喔！」老師說：「真的嗎？

為什麼？」小宇回答：「對呀！我每天洗澡的時候，就穿著『國王的新衣』呀！」

*閱讀或聽故事後，提出有關推測想法或辨認因果的「解釋性」說明或問題：

　　聽老師說「白雪公主」的故事之後，小芸問：「為什麼每次女生昏倒，只要男生一親就會醒了？白雪公主這樣，睡美人也這樣。」小泓則說：「那以後如果妳昏倒了，我也親妳一下，那妳就會醒啦！就不用去看醫生了。」小芸說：「才不要咧！羞羞臉。」

*閱讀或聽故事後，提出有關個人意見或分析文本的「評論性」說明或問題：

　　江風看《我》這本書中的圖畫，注意到媽媽在看報紙、爸爸在煮飯，而提出男女角色的問題：「為什麼是畫爸爸在煮飯？」一旁的愛妮回答：「爸爸也可以煮飯啊！我爸爸就會煮飯啊！」

*以肢體動作、圖像符號、戲劇演出等各種方式回應書中文本：

　　早上老師講完「螞蟻搬豆」故事和跳完「螞蟻搬豆」的律動後，正謙在日記圖上畫了一隻大螞蟻、一顆黃金豆豆、好多個螞蟻洞，對老師說：「這是螞蟻在搬黃金豆豆啊！」

4. 圖像和文字的概念

＊辨識環境中圖像符號的意思：

　　老師展示各種髮型圖樣給幼兒看，問幼兒：「小朋友，你們覺得這個髮型像什麼？」小琪說：「爆炸頭！」老師再問：「那這個呢？有好多顏色，也像爆炸頭耶！」小琪搶著說：「不是！那是冰淇淋頭！」其他幼兒大笑，老師問：「冰淇淋頭？」小琪回答：「對！它是彩色，又捲捲的！」

＊知道文字是由左而右、由上而下閱讀：

　　全班一起唸誦兒歌讀本的時候，爲文一邊出聲唸著，一邊跟著唸讀的速度，手指由上而下移動指著讀本上的文字；接著觀看老師播放的讀經影片，影片字幕會隨著唸讀到的文字而改變顏色，爲文看著影片中變色的字幕，眼神從左到右移動並跟著唸出字幕的字。

＊知道文字能用來記錄事情：

　　老師分發母親節的活動通知單，請幼兒把通知單放在書包裡帶回家。仁傑將通知單放進書包時，拿給實習老師看並說：「這張通知單我要拿給媽媽看，因爲星期六媽媽有時間，可以帶我來參加。」實習老師問：「那你之前有跟媽媽說要來參加嗎？」仁傑說：「有啊！但我怕媽媽會忘記，所以這個通知單可以提醒她要記得來。」

＊唸讀環境中的文字：

　　佩晨跟著老師坐電梯上樓，佩晨指著電梯按鈕問：「老師！這是什麼字啊？」老師回答：「『開』，『關』，要用手指頭按這個『開』字，門會開，按這個『關』字，門會關起來。」電梯到了三樓，佩晨看到門開了就說：「老師，趕快幫我按那個『開』好不好？」

＊辨識認得的字：

　　小儷和小玲站在教室的窗口，小玲指著教室外的招牌「壓克力」，對小儷說：「看到沒，那裡寫著『巧克力』三個字呢！」接著又在小朋友的櫃子上，指出她認得的字給小儷看。

5. 書寫的知能

＊塗寫各種圖像符號，用來表達想法或記錄事情：

　　幼兒分組討論要用什麼材料來蓋一個建築，屬於蓋沙坑這組的子英說可以用報紙做沙坑，他在紙上畫了代表沙坑圖樣的方形框，框中畫了代表報紙的圖樣，老師在圖旁幫他寫上文字的說明。

＊請別人代筆寫他想要寫的話：

　　俊宇在紙上畫了一個人，臉上畫著一個月亮，拿給怡美

看：「你看！是包青天耶！」轉頭向老師說：「老師，幫我在這裡寫上包青天。」

*為自己特定的目的或需要而寫：

欣怡畫了一張卡片後，寫上「媽媽」兩個字，並且說這張卡片是要送給媽媽。

*將所寫的內容說給別人聽：

心楷在卡片上寫著：「大、小、中、下、上、心」幾個字，一面寫、一面唸給坐在一旁的小朋友聽：「太陽很大，有人在下面玩，他們很開心！」

*詢問如何寫某個字，要求學寫更多字：

怡蓁在扮演角玩開郵局的遊戲，怡蓁拿著筆在信紙上畫圖，並寫上自己的名字後，跑來問老師：「老師，『我愛你』怎麼寫？」老師將「我愛你」三個字寫在紙上，小弈也照著仿寫。

*與別人討論或合作書寫圖像和文字：

幼兒外出參觀美術館的展覽前，老師讓幼兒分組討論參觀美術館的注意事項，丞杰主動擔任討論記錄，他先在紙上寫出日期和組員號碼，再畫一個禁止標誌（一個圓形中間有一條線），代表要討論的主題（看展覽時不能做什麼？）。丞杰接著一一記錄組員提出不能做的事，並照著組員的意見

畫圖：先寫1，其後畫一個禁止標誌上有食物（代表「不可以吃東西」）；再寫2，其後畫一個禁止標誌上有腳在奔跑（代表「不可以奔跑」）；最後寫3，其後畫一個禁止標誌上有一隻手（代表「不可以摸作品」）。

(二)幼兒的書寫作品

以下是一位教師蒐集幼兒在幼兒園圖書室的借書登記表（參見表3-4），表上有幼兒自己登記書寫的字，顯示幼兒有關圖書和文字的概念以及書寫的知能。教師描述這件讀寫作品產生的由來：

以前孩子借書時，因為隊伍排得很長，我們便教孩子自己看書號告訴老師，這樣老師登記會比較快，因此每個孩子都學會看書號，有的孩子還會自己看書名告訴老師。

前兩天的早上，我因為太忙，一時放不下手邊工作，剛好一個孩子環宇要來借書，我順手拿給他借書登記本和一枝筆，問他：「你會不會寫字，會的話，就把書號寫在這一格，書名寫在這一格，自己名字寫在這一格，再蓋日期章。」我邊說邊指給他看，他接過我手中的借書登記本和筆，到旁邊的桌上去寫。我忙完手邊的工作，過去一看，他做得非常好，字雖然歪歪扭扭，但格子都填對了（參見表3-4上標記＊那一行，是環宇第一次自己登記借書）。

環宇平日認字的能力相當好，也曾見他寫字在畫紙上，所以當時我讓他嘗試登記。之後，他借書時都自己登記，不再找老師借書了，而且樂此不疲的幫別人登記。沒想到，我陸續發現不是只有他自己登記，班上有別的孩子也會自己登記。現在我有兩、三個幫手，會幫我登記，而且搶著要登記。

表3-4　幼兒借書登記表

登錄號	書　　名	借閱人	借閱日	歸還日
＊ 0088	聖誕老人和樵夫	皇玉	84. 12. 29	85. 1. -3
＊ 0453	怎麼會有大便	宇廷喬	84. 12. 29	84. 12. 30
＊ 0275	阿羅有枝彩色筆	蕊莊	84. 12. 29	85. 1. 3
＊ 1288	賣火柴的好友	立乃回祺	84. 12. 29	85. 1. 3
0521	小老鼠普普	立洵	84. 12. 30	85. 1. 3
0431	微忽地球保衛軍	仲宇	84. 12. 30	85. 1. 3
190	什麼人物	立青	84. 12. 30	85. 1. 3
＊ 0365	小阿奇普交了一個新朋友	王環宇	84. 12. 30	85. 1. -3
＊ 0390	什么柔的週末	亭然奇	84. 12. 30	85. 1. 3
0445-9	寄衣服出門去	鈺銘	85. 1. -3	85. 1. -!
0461	傻搗貓的十二個朋友	立洵	85. 1. -3	1. 4
0410	空娣子真好玩	亭綺	85. 1. -3	85. 1. -4
＊ 5720	阿羅有枝彩色筆	環宇	85. 1. -3	85. 1. 4
＊ 0395	真的有聖延老糊	蕊莊	85. 1. -3	85. 1. -5
＊ 0445-6	國民王良壽喜樂畫	佳惠	85. 1. -3	85 1. 4

＊是幼兒自己登記

如參照前述讀寫項目分析這件讀寫作品（借書登記本），幼兒於借書登記的過程中呈現的讀寫行為內容包括：

1. 圖書的概念：知道書的封面標題是書名（幼兒會看書名）。
2. 文字的概念：辨識認得的字（幼兒會看書號和書名）。
3. 書寫的知能：模擬別人寫字；嘗試著寫，不拘於書寫的程度；為自己特定的目的或需要而寫；能寫自己的名字。

　　幼兒園教或不教幼兒寫字，一直是困擾著幼教界的問題，尤其針對幼兒園幼幼班和小班二至四歲的幼兒，所謂讀寫萌發之書寫知能的意涵為何；針對這個問題，本小節最後即進一步透過筆者的孩子（化名佳諾）在二至四歲期間，在日常家居生活和遊戲中自發塗寫圖像或文字的作品實例，呈現二至四歲幼兒「書寫的知能」之內容項目，以提供幼幼班和小班老師參考如何隨時隨地觀察並敏銳覺知：幼兒從小在日常生活環境中即開始交相運用、互相關聯、或反覆測試、驗證、察覺圖像和文字有關的書寫概念、技巧、和能力。

　　佳諾在四歲之前未曾上幼稚園接受正式的書寫教學，平日在家裡經常好玩地拿著各式各樣的筆，自發地在紙上自由塗塗畫畫、表達意思、溝通訊息、探索畫圖或塗寫字的各種樣式，而隨著年齡先後產生如下有關「書寫的知能」之作品實例。文中簡要說明每則作品實例產生的生活背景和經驗，生活主題分別是有關媽媽、車子、吃的東西、以及數字，文中並以〔 〕標示出該實例主要有關的「書寫的知能」項目。

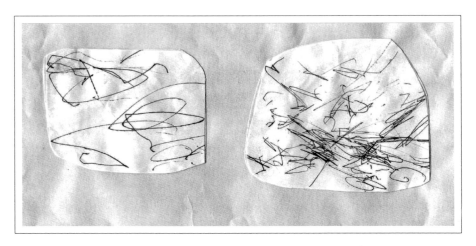

圖3-2　試驗書寫的材料和工具（2歲2個月）

　　佳諾二歲二個月時，在家裡的客廳玩，常看見媽媽坐在茶几旁的
藤椅上看書、手裡還拿著一枝筆不時地在書上畫線（畫重點），這時
佳諾也常跟著拿起放在茶几上筆筒裡的原子筆和一旁的便條紙，隨意
塗畫起來（見圖3-2）；他有時還特意低著頭、握著筆的底端在紙上
反復搓畫，注意看著自己正在畫出什麼，這個圖例顯示二歲的幼兒即
在〔試驗書寫的材料和工具〕，同時感受到塗寫的動作和筆跡顯示的
視覺圖像，塗畫的筆跡在開始時是隨意的（圖3-2左），然後有些特
意形成圓形或方盒形或加上稜角（圖3-2右）。

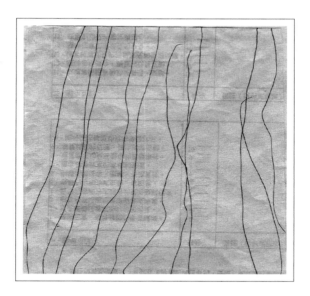

圖3-3　塗寫圖像符號（3歲1個月）

　　佳諾平日最喜歡玩各式各樣的玩具車，爸爸媽媽配合他的愛車喜好，也常帶他出外坐公車、遊覽車、火車、或捷運，尤其有時就帶他在捷運各路線之間轉乘將近兩個小時，捷運路線因而成為佳諾畫圖時最先有意要表達的圖像。圖3-3即是佳諾在三歲一個月時，自己說：「我要畫圖」，自發拿起原子筆在紙上塗畫的長線條，告訴媽媽說他畫的是「捷運木柵線」，這個圖例顯示佳諾正在〔塗寫圖像符號，用來表達想法或記錄事情〕，表達記錄他常常乘坐之印象中長長的捷運路線。

圖3-4 將所寫的內容說給別人聽（3歲5個月）

　　佳諾在三歲五個月時，如同前述二歲二個月時圖3-2的例子，同樣看見媽媽看書時拿著筆在書上畫線（畫重點），佳諾說：「我也要寫字」，隨即拿起茶几上的筆和紙塗寫著，媽媽問他：「你在寫什麼啊？」他一面塗寫（見圖3-4）、一面敘說著：「有一個小朋友，很喜歡坐遊覽車，你要坐第幾部？要坐第三部，要二十塊錢。」在塗寫和敘說的過程中，有時說一個字、還用力點畫一下，最後又連續塗畫了幾條長線，說是「捷運」，顯示佳諾正在〔將所寫的內容說給別人聽〕，以書寫來敘述事情，敘說他曾坐遊覽車的經驗。

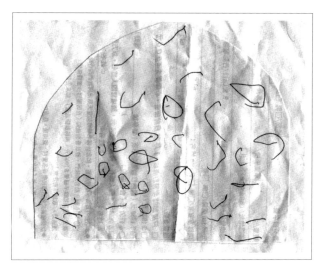

圖3-5　嘗試著寫或自創字形（3歲7個月）

　　佳諾三歲七個月時，也是看到媽媽拿著筆在看書，而跟著拿起原子筆在紙上塗畫出一個個彼此獨立、不相連接的樣式（見圖3-5），自己說出：「媽媽，我在寫字」，媽媽再問他：「你是在畫圖、還是寫字？」他回答：「寫字啊！」這個例子顯示佳諾正在〔嘗試著寫或自創字形，不拘於書寫的程度或正確性〕，且分辨出自己的塗畫是為了寫字（不再只是隨意畫圖），並注意到中文字體是不相連接的，彼此之間稍有分隔的距離，而試著塗寫出如同字的圖樣或線條。

圖3-6　為自己的目的或需要而寫（3歲8個月）

　　佳諾約從兩歲起，即常跟著爸爸媽媽去一家日本料理店用餐，看到侍者拿著紙和筆記下爸爸媽媽點的菜名。佳諾三歲八個月時，剛去過這家餐館之後兩天，自己用一些玩具玩起煮菜、燒菜的扮演遊戲，接著也拿起紙和筆問媽媽要點什麼菜，媽媽問他有哪些菜，他說出一個他自己喜歡吃或爸媽常幫他點的菜名，如炸蝦、紅豆、魚下巴、烤鮭魚等，同時即在紙上塗寫一圈（見圖3-6），顯示佳諾正在〔為自己特定的目的或需要而寫〕，以書寫來記錄遊戲過程中客人要點的菜。

圖3-7　將所寫的內容說給別人聽（4歲1個月）

　　佳諾看到商品廣告單上有他喜歡吃或吃過的食物圖片，常會驚喜地指著那張圖告訴媽媽這裡有什麼，然後總是要將這些廣告單留存下來，或自己拿剪刀剪下那張圖片，有時還會要求爸爸幫他畫這些食物的圖樣，並寫出食物的名稱。圖3-7是佳諾四歲一個月時，就像在寫廣告一樣，〔將所寫的內容說給別人聽〕，告訴爸媽說他寫的是：「黑炫風冰淇淋、三明治、夾心酥、小泡芙」，這些是食品廠商廣為宣傳且流行的食品，也是他很喜歡吃的東西。

圖3-8　嘗試著寫或自創字形（4歲1個月）

　　佳諾四歲一個月時，看到雜誌上的數字，自己也拿起原子筆在紙上〔嘗試著寫或自創字形，不拘於書寫的程度或正確性〕，口中唸著「123、123、123」，同時塗寫出一個個彼此獨立、不相連接的樣式（見圖3-8）。

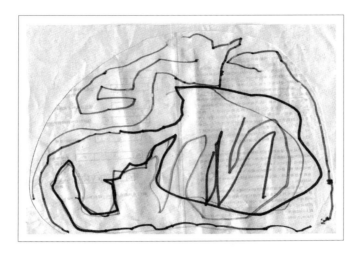

圖3-9　塗寫圖像符號（4歲2個月）

　　佳諾從小都是由媽媽親自照顧，和媽媽很親暱，媽媽出門去上班時，他常和媽媽說：「媽媽趕快回來。」佳諾四歲二個月時，拿彩色筆畫出圖3-9的圖像，他自己說是：「媽媽回家走的路」，顯示佳諾持續著〔塗寫圖像符號，用來表達想法或記錄事情〕，同時覺知自己畫出來的線條圖像，可以表達他想念著媽媽，期望媽媽趕快回來。圖3-9產生的兩個月和四個月之後，佳諾再看到這張圖，他仍然還記得說是：「媽媽回家走的路，是復興南路。」

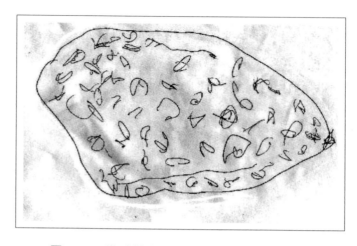

圖3-10　嘗試著寫或自創字形（4歲2個月）

　　佳諾四歲二個月時，有一天媽媽去上班時，佳諾和阿嬤留在家，一直問阿嬤：「媽媽怎麼還沒有回來？」媽媽回來後，自己拿給媽媽看他剛才塗寫的「媽媽的名字」（見圖3-10）。此圖顯示佳諾持續〔嘗試著寫或自創字形，不拘於書寫的程度或正確性〕，塗寫媽媽的名字，接著還〔將所寫的內容說給別人聽〕，說自己塗寫的是：「媽媽的名字。」

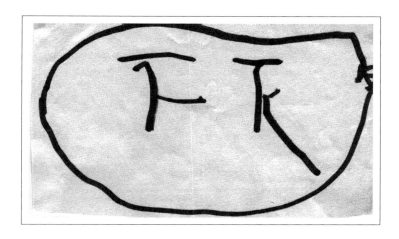

圖3-11　嘗試著寫或自創字形（4歲2個月）

　　佳諾從小在家裡常看見媽媽坐在椅子上看書，四歲二個月時塗寫出圖3-11，指點著圖中兩個分隔的筆跡說：「這是媽媽，坐在椅子上看書。」此圖顯示佳諾持續〔嘗試著寫或自創字形，不拘於書寫的程度或正確性〕，自己發明與假設「媽媽」的字形，還指點著筆跡唸「媽媽」，顯示佳諾知道自己塗寫在紙上的筆跡可用來表達自己的意思。

圖3-12　嘗試著寫或自創字形（4歲2個月）

　　佳諾四歲二個月時，在家裡看到媽媽打電話預訂火車票時拿著筆在便條紙上寫著，然後跟著媽媽到郵局拿車票，要媽媽抱起他靠在櫃檯邊看郵局人員如何訂票；回家後，佳諾自己也拿起筆在便條紙上塗寫著（見圖3-12），媽媽問他在寫什麼，他說：「是郵局，訂票的」，顯示佳諾〔為自己特定的目的或需要而寫〕，並且〔嘗試著寫或自創字形，不拘於書寫的程度或正確性〕，為了訂車票而嘗試著寫或自創字形。

　　佳諾經常隨手即興地拿起筆在紙上塗塗、畫畫、寫字，四歲二個月時，他用彩色筆塗畫了圖3-13，媽媽問他紙上是些什麼，他說：「這是銀行的」，指著紙上類似7的數字說：「這是7」，又指著類似方形說：「這些是餅乾」，顯示佳諾〔塗寫各種圖像符號，用來表達想法或記錄事情〕，在塗寫的探索中，同時使用圖畫、形狀、類似數字、或不可分辨的符號表達不同的意思。

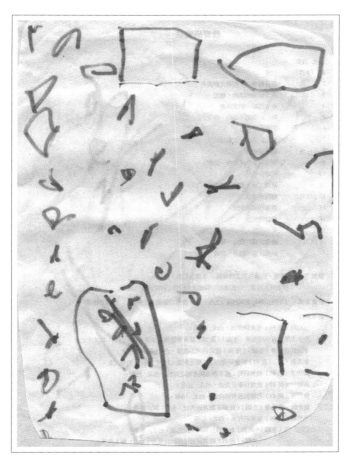

圖3-13　塗寫各種圖像符號（4歲2個月）

　　佳諾四歲三個月時，自己一筆一劃地連續塗寫了十幾張便條紙（圖3-14是其中的兩張），同時敘說著：「今天媽媽去上班，佳諾去坐捷運，爸爸買一個紅豆的包子，再買一個奶茶，再坐615的車子。」還對媽媽說：「我有把今天的寫下來」；一筆一劃分隔式的筆跡顯示佳諾〔試著修正所寫的字，趨向習俗慣用的字形〕，並且〔將所寫的內容說給別人聽〕，以書寫來敘述自己今天做的事情。

圖3-14　將所寫的內容說給別人聽（4歲3個月）

　　佳諾經由日常坐車或買東西等的經驗，覺察數字在生活上的功用，並注意到數字的型式（例如：看到媽媽將蛋液打在碗裡散開的樣子，即說：「好像8哦！」）佳諾四歲三個月時在一張張便條紙上，持續試著寫數字「8」的習俗慣用字形（圖3-15），顯示佳諾〔試著修正所寫的字，趨向習俗慣用的字形〕，為了形成一個讓他人看得懂的字，而持續試著寫出看起來類似慣用的數字，但還不能正確掌握數字的樣式，也尚未注意到筆劃或書寫的方向。

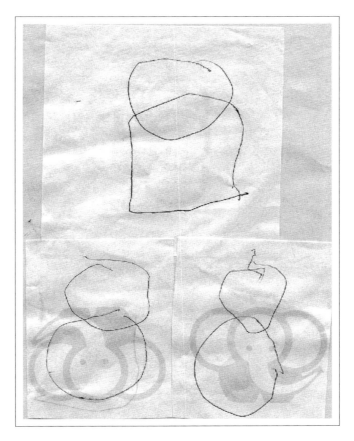

圖3-15　趨向習俗慣用的字形（4歲3個月）

87

　　佳諾常喜歡坐各路線的公車，因而也很喜歡辨認公車路線的數字，有時走在路上看到公車開過，會興奮地說出公車的路線數字，例如說「是15路，去車站的」，或問「22路是去哪裡的？」「254路是去哪裡的？」佳諾四歲三個月，有一天，佳諾和爸爸坐278路線的公車，回家之後自己畫了一部車（圖3-16），然後為了標示路線而寫上「278」的數字，即是〔為自己特定的目的或需要而寫〕，並且顯示佳諾〔試著修正所寫的字，趨向習俗慣用的字形〕。

圖3-16　趨向習俗慣用的字形（4歲3個月）

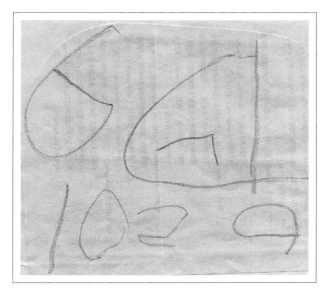

圖3-17　趨向習俗慣用的字形（4歲3個月）

　　佳諾四歲三個月時對於寫數字的過程本身，似乎頗為好奇和著迷，常拿著一張一張紙持續寫數字，寫了一張又接著換一張寫著不同的數字（見圖3-17），並且持續〔試著修正所寫的字，趨向習俗慣用的字形〕，似乎只是為寫字而寫字，樂在寫字本身的探索過程。

圖3-18　趨向習俗慣用的字形（4歲4個月）

　　佳諾四歲四個月時，拿著蠟筆用力地在紙上一筆一劃寫著（見圖3-18），然後分別指著一個筆跡唸出一個音，唸的字音是他出去旅遊坐過的遊覽車公司名稱；佳諾似注意到筆劃式有間隔的中文字體，而一筆一劃地寫著，〔試著修正所寫的字，趨向習俗慣用的字形〕，並且一字一音地指唸著自己坐過的遊覽車名稱。

　　上圖3-18顯示佳諾四歲四個月時，一筆一劃地寫出趨向習俗慣用的中文字形，但在接著四歲五個月時在家裡玩打電話預訂車票的遊戲過程中，塗寫的筆跡又再次呈現如在四歲二個月時同樣玩訂車票遊戲的筆跡樣式（見圖3-12），亦是趨向於〔嘗試著寫或自創字形，不拘於書寫的程度或正確性〕（圖3-19），顯示佳諾書寫的發展交互運用著「自創發明」和「趨向習俗」，兩種筆跡的樣式可能交互出現，而非絕對是先自創、後修訂之直線式按序發展。

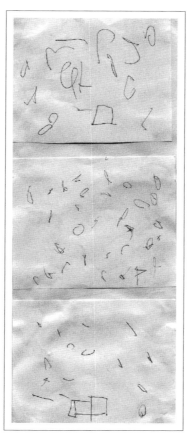

圖3-19　嘗試著寫或自創字形（4歲5個月）

　　以上連續的圖例呈現的是一位幼兒於二至四歲期間在家裡自由塗寫的圖像或文字樣式，塗寫的方式常是源自於自己內在的需要和興趣，而去主動探索和尋找文字使用的意義和功能。在家裡，幼兒可隨意探索和嘗試塗寫的不同形式，他在這裡或那裡塗塗、畫畫、寫寫、自創字形、或修正字形的過程，代表著幼兒自我的書寫意識和力量。幼兒上幼兒園之後，幼教老師須能因應、延續、和擴展幼兒在家裡讀寫萌發的知能經驗，實施能持續支持幼兒讀寫萌發進展的課程。

支持幼兒讀寫萌發的課程實施

CHAPTER 4

　　幼教界通用的幼兒活動型態包括：團體活動、小組活動、學習區或遊戲角的角落活動、個別活動、自由活動、戶外活動、以及日常生活作息（吃點心、午餐、午睡等），將第三章所論支持幼兒讀寫萌發課程的觀點取向，運用於幼兒園日常活動或生活中，即可延伸為支持幼兒讀寫萌發的課程實施方式。

　　第三章第貳節論及物理情境是支持幼兒讀寫萌發的外在條件，本章第壹節即先闡述幼兒園需提供幼兒豐富的讀寫資源；再者，幼兒讀寫萌發還需要有與人互動、共同參與讀寫的社會和歷史文化情境，以及發現和體驗圖像或文字之作用和樣式的心智情境，這些有關於人（幼兒、同儕、教師）、事（事件、經驗）、與物之間互動的過程，需融入於幼兒園的各類活動或日常生活中，因此本章接著第貳節闡述教師如何運用圖書資源，第參節闡述連結幼兒讀寫經驗的方式，第肆節闡述支持幼兒的讀寫遊戲，第伍節闡述統整幼兒讀寫經驗的主題情境，第陸節闡述支持幼兒讀寫萌發的活動架構，最後第柒節則以實例綜合展現讀寫的主題活動。

☺ 壹　讀寫的資源

　　本節所述幼兒園的讀寫資源包括：幼兒園環境中的文字、學習區或遊戲角的讀寫材料、以及與幼兒讀寫萌發最直接有關之圖書角和書寫角。

一、幼兒園環境中的文字

　　將讀寫融入於幼兒日常教室生活的活動中，以及提供幼兒探索讀寫材料的充分機會，有助於幼兒察覺文字的功能和技巧，並增進其

字彙的成長（Taylor, Blum, & Logsdon, 1986）。有些教師在教室的牆上或門窗上貼了許多字，但是如果這些字對幼兒不具有功能的意義，這些字只是讓幼兒產生視覺的困惑（Johnson, 1992）。幼兒園環境中呈現的文字需是清楚的、容易讀的、在幼兒的視線高度、具有功能意義，並且與幼兒的日常生活或學習活動息息相關（Strickland, & Riley-Ayers, 2007, p.55），例如提供幼兒有關日常活動或生活的下列告示、指引、規則、消息、或運作機能：

(一)教室的設施、物品分別標示名稱

如：「大紅班」、「門」、「鞋櫃」、「電話」、「鏡子」、「我是擦桌子的抹布」。

(二)在幼兒個人的物品櫃、杯子、牙刷、和作品，標示幼兒的姓名。

(三)標示各個遊戲角和各種材料的名稱

如：「娃娃家」、「積木角」、「圖書角」、「剪刀」、「拼圖」、「小小劇場」。

(四)各個遊戲角中呈現和運用相關的文字

如：娃娃家呈現「健康診所」、「香香餐館」、和菜單的名稱。

(五)以圖表和文字標示一些常規和注意事項

如：在廁所標示「我會沖水」、在洗手臺標示「記得洗手」和洗手的順序、在樓梯間標示「上下樓梯小心」、在門口標示「請脫鞋」、在體能區標示遊戲規則。

(六)各種生活物品、教具、材料中呈現圖表和文字

如：點心的商品名稱、撲克牌、人體模型的器官、蓋印章、兒歌海報。

如上述的環境中文字，可讓幼兒察覺文字的功能和技巧，並增進字彙的成長，例如以下的情形：

在早上自由探索時間，一群幼兒圍在教室後面，抄寫彼此的電話號碼。

老師問：「你們怎麼會寫別人的名字呢？」

建恆笑著說：「因為我看小朋友工作櫃上面貼的名牌啊！」

在吃點心時，亦風指著飲料瓶上的字唸著：「草莓牛奶。」

加宇糾正說：「不對啦！是草莓豆奶、豆子的豆。」

二、學習區或遊戲角的讀寫材料

根據幼兒讀寫的研究發現，在清楚界定的學習區或遊戲角放置適當的讀寫材料，可支持幼兒在遊戲中探索文字的社會角色和功能（Neuman & Roskos, 1990）；讀寫材料豐富的遊戲環境能增進幼兒主動進行讀和寫的持續時間，以及擴展幼兒讀寫的行為和語言（Roskos & Neuman, 1994）；幼兒在充滿文字的遊戲環境中，顯著影響幼兒閱讀其環境中文字的能力（Vukelich, 1994）。

在幼兒園的活動室，不僅圖書角或語文角可放置圖書和讀寫材

料，其他各個學習區或遊戲角除了放置一般的遊戲設備和材料，也可特別放置有關讀寫的材料，例如每個學習角皆可放置紙、筆、有關的圖書、貼有各種材料標籤的容器或盒子，讓幼兒自由取拿、閱讀、書寫、和進行讀寫有關的遊戲。尤其是扮演角或戲劇角，可變換成各種主題的生活場所（如：家庭、商店、郵局、辦公室），讓幼兒為了真實生活的目的而讀寫，引發各種功能性且有意義的讀寫經驗（Neuman & Roskos, 1991; Schrader, 1990; Vukelich, 1994）。學習區或遊戲角可放置的讀寫材料，例如以下所列：

(一)積木角

1. 提供紙筆，讓幼兒畫出或記錄他們搭建的建築物，或標示作品的名稱。
2. 提供各種建築物（如：大樓、高塔、橋梁、高速公路）或建構物體（如：飛機、船、車子）的圖書雜誌，讓幼兒參閱運用。

(二)扮演角

1. 布置成娃娃家，放置桌子、椅子、櫃子、圖書、雜誌、報紙。
2. 玩具電話或手機旁邊放置便條紙和筆，暗示幼兒可在接電話或手機時拿筆在紙上寫備忘的事情。
3. 布置成小商店，放置便條紙、筆、計算機、廣告單、玩具鈔票、招牌、留言板、和商品標籤等物品。
4. 布置成郵局，放置桌子、用過的信件、信封、白紙、郵票、印章、漿糊、剪刀、筆、信箱郵筒、郵差的帽子和郵件袋。
5. 布置成辦公室，放置桌子、椅子、電話、手機、文具、信封、公文夾、信件、漿糊、剪刀、筆。

(三)偶戲角

1. 放置偶戲臺、各式布偶、紙偶、面具、以及可用來標示角色的空白名片卡和筆。
2. 將大本的故事書放在偶戲角，由一位幼兒唸書，而由另一幼兒跟著演偶戲。

(四)美勞角

1. 放置各式畫筆（如：蠟筆、鉛筆、粉筆）和各式不同大小、顏色、或形狀的紙張（如：圖畫紙、海報紙），讓幼兒在桌面、畫架、或黑板上畫畫塗寫。
2. 提供有關美勞創作（如：摺紙、黏土工、通草工）的圖書，讓幼兒參閱運用。

(五)益智角

1. 提供數字卡、數字積木、骰子、撲克牌等運用數字概念的教具。
2. 提供有字或圖的教具，如象棋、文字賓果遊戲、迷宮遊戲等，讓幼兒在遊戲中辨認圖像和文字。

(六)科學角

1. 配合觀察或實驗的主題，提供有關的科學圖書、圖片，讓幼兒參閱對照。
2. 提供紙、筆、和測量的器具（如：量尺、天平、溫度計），讓幼兒測量和記錄。
3. 提供紙、筆、和各種實驗的器具（如：滴管、瓶、罐、彈珠、磁鐵），讓幼兒觀察、試驗、比較、和記錄。

(七)語文角

1. 以開放式的書架放置圖畫書。
2. 提供兒歌卡、配對字卡、文字接龍遊戲等語文教具。
3. 提供音響、電腦、耳機、故事光碟，讓幼兒可透過音響一面看書、一面聽故事，或透過電腦觀看故事光碟或電子圖畫書。
4. 放置筆、紙張、空白的小書、文字印章、印臺、舊雜誌和廣告單、剪刀、膠水、釘書機等書寫工具和材料，讓幼兒塗寫、蓋字、剪貼字、或製作「我的小書」。
5. 可特別設置「圖書角」和「書寫角」，其設置要點分別參見本節以下第三和第四小節。

三、圖書角

(一)設置與運作要點

　　幼兒園活動室內設計良好的圖書角，能使得閱讀成為幼兒日常生活的重要部分（Morrow, 1982; Morrow & Weinstein, 1986），圖書角需能吸引和邀請幼兒自動前來閱讀、分享圖書、與書互動，圖書角設置的基本要點包括：

1. 設置在教室的一個安靜角落，遠離交通走道或喧鬧區（如：積木角、扮演角），不易受到干擾。
2. 光線充足，靠近窗口設置，看書時可引用窗邊的自然光線。
3. 可運用書架、櫃子、桌子、布告板、絨布板、或黑板分隔圖書角，提供隱私的位置和空間，讓幼兒安靜地閱讀。
4. 鋪設柔軟的地毯或墊子，放置抱枕、沙發、搖椅、布偶、盆

景、或擺飾，在牆壁上張貼圖畫或插畫的海報，讓幼兒有溫馨舒適的感覺，常喜歡來閱讀圖書。

5. 以符合幼兒視線高度的開放式書架，將圖書一本一本地分別放在書架上，封面展開，藉以吸引幼兒前來取閱。

6. 圖書的來源可包括：購自市面出版的圖書、借自幼兒園圖書室或社區圖書館或其他班級的書、幼兒家長提供的書、以及教師或幼兒自己創作的書。

再者，為了積極鼓勵幼兒常到圖書角閱讀圖書，使圖書角成為持續支持幼兒讀寫萌發的資源，其日常運作的要點包括：

1. 配合課程單元或主題，適時更換展示書架上的有關圖書，以持續擴展幼兒閱讀的興趣。

2. 教師為全班幼兒唸過的圖書，再放置於圖書角，讓幼兒重複閱讀。

3. 提供故事偶和偶臺、絨布板和故事角色或情景的圖片，讓幼兒可配合圖書的閱讀作角色扮演。

4. 設置視聽專櫃，放置故事光碟、故事書、音響、電腦、和耳機，讓幼兒可透過音響聽故事光碟，或透過電腦觀看故事光碟會或電子圖畫書。

(二)圖書的類別與選擇

幼兒園的圖書資源有其不同的文本類別和特徵，包括敘說故事的「故事書」、提供事實的「訊息資料書」、只有圖畫而沒有文字的「無字書」、型式特別大的「大書」、由科技發展的新奇「電子書」、或是幼兒園教師或幼兒自己創作和製作的圖書等。這些不同文本類別的圖書特徵，參見表4-1所列（摘引自Machado, 2007, pp.285-286）。

表4-1　幼兒圖書的類別

圖書類別	教師喜愛的圖書特徵	幼兒喜愛的圖書特徵
故事書 （圖畫書）	分享的時刻 看到幼兒熱愛和專注 模擬角色的聲音 介紹人類的事實和想像的冒險 分享自己的最愛 有幼兒容易辨認的小動物	想像和幻想 辨認人物角色的人性 願望和需要的實現 冒險 興奮 行動 自我實現 視覺的變化 字彙的樂趣
訊息資料書 （內容書）	擴展個人和團體的興趣 發展「閱讀求知」的態度 鼓勵共同發現 提供正確的事實 包括科學的內容	提供事實，發現資料和想法 討論真相和事情如何運作 回答「為什麼」和「如何」的問題 提供新的字彙和意義
無字書	促進幼兒說話、創造力和想像	以自己的話說故事 促進意義的發現 包括顏色、行動、和視覺的變化
互動書 （讓幼兒積極參與的書）	讓幼兒參與和注意 建立傾聽指示的技能	提供動作和群體感覺 增進個人的創造力和表達 引發感覺 可操作的特徵
概念書 （具有主要概念或特定主題和實例的書）	增進分類能力 呈現知識和發展概念 有許多實例	增進知識 以視覺呈現抽象概念
參考書 （附圖的字典、百科全書、或特定題材的書）	讓幼兒看到問題 促進個別化的學習	提供答案 能與教師分享 能回答幼兒的問題
字彙書 （在物體旁印有字彙的書）	提供字彙的樣式 字彙和物體的配對呈現 增進幼兒對字彙的興趣 能包含字彙的遊戲	發覺字彙的意義 看到以插圖顯示的物體名字

101

（續）

圖書類別	教師喜愛的圖書特徵	幼兒喜愛的圖書特徵
新奇的圖書 （彈跳立體書、摺頁書、電子書、蓋印和黏貼書、活動書、拼圖書、刮挖和聞嗅書、畫中藏物書、對話書）	增加感官探索的變化 激發創造力 提供許多不同的大小和形狀 引發幼兒的動作參與 常包含幽默感	鼓勵探索、觸摸、動作、情感、嗅覺、繪畫、著色、剪割、黏貼、遵照指令行事、聆聽機器的聲音，並且獲得立即的回饋
普及平裝書和雜誌	價格不貴 內容廣泛多樣 有許多經典作品	包含可做活動的書頁
教師和幼兒自創的書	增進班級的學習 瞭解作者的身分 容許創造性的表達 記錄個人、團體方案、郊遊、或聚會 讓幼兒表達其關注和想法 建立幼兒的自尊心	看到封面上自己的名字 與別人分享想法 自我的獎賞
結合視聽媒體的書（幼兒跟著閱讀）	增加多樣變化 提供團體和個別經驗的機會 激發幼兒對圖書的興趣	放映出大插畫 能被個別享受
學步兒圖書和厚紙板書（書頁持久耐用）	避免弄濕和撕破	容易翻頁使用
超大尺寸的書（大書）	強調社會的事實 有特大的文本和插圖	便於團體一起看 有大書的特性

（摘引自Machado, 2007, pp.285-286）

　　購買市面上出版或借自圖書館的各類圖書，在作選擇時需注意圖書的內容、文字、圖畫、和版式（Burke, 1986, pp.30-33, 145-146; Giorgis & Glazer, 2013, pp.36-48; Sawyer & Comer, 1991, pp.45-54），選擇圖書的要點歸納如下：

　　1. **內容**：包括書中的角色、情節、場所、主題、或資料。

(1) 角色

書中的角色可能是人物、動物、或物體，有眞實的情感、生動的動作或語言，讓幼兒易於辨認，沒有性別和種族歧視之刻板印象。

(2) 情節

故事的事件發生順序簡單清楚、有焦點、合乎邏輯，能塑造角色的行爲；情節有趣或重複，讓幼兒想知道接著發生什麼，故事的發展和結束有令人滿意的事件高潮。

(3) 場所

故事發生於何時何地，呈現書中角色的生活方式和環境文化，場所有時有特定的文化、時間、或空間的因素，有時則只是偶然發生。

(4) 主題

主題是故事的核心動機和目的，例如友誼、家庭生活、自尊、或獨立等，符合幼兒的概念水準和生活經驗；主題是透過書中角色、情節、和場所而呈現，統整於故事內容中，而不需要在結尾明顯地說出來。

(5) 資料

訊息資料書的資料需正確、符合事實、有清楚的焦點，提供幼兒各種有關自然現象、生物、數學、人類、事物、和事件等知識概念的具體資料。

2. 文字

(1)文字的敍寫，適合幼兒瞭解的年齡層次。

(2)文字生動有趣，能引發幼兒唸讀的興趣。

(3)呈現適合故事的語言，透過比喻、幽默、想像、和韻律，顯示作者運用文字的特殊風格。

3. 圖畫

(1)圖畫與文字相互配合、統整、順序一致。

103

(2)圖畫的風格能傳達故事的氣氛（如：幽默、神祕、熱鬧）。

(3)圖畫能澄清或舉例顯示故事的場所。

(4)圖畫能引發美感的愉悅反應。

(5)圖畫的風格和複雜度適合幼兒的年齡。

(6)圖畫呈現具體的視覺資料。

4. 版式

(1)書的裝訂牢固，紙質良好。

(2)印刷的色彩明晰，字體清楚。

(3)書的大小、形狀和書的內容主題協調一致。

(4)封面設計能吸引幼兒注意。

四、書寫角

在幼兒園教室設置開放式的書寫角，可促使幼兒探索圖像和文字的視覺特質，就如同在繪畫中探索線條和形狀（Clay, 1976; Dyson, 1985）。在幼兒園設置一個書寫角的意義，除了讓幼兒有書寫探索的材料和空間，另一個重要意義是要讓幼兒有書寫的理由，幼兒可依照個人的需要，進行有目的的書寫活動，幼兒可以自己嘗試寫、模擬同儕友伴的寫、或請老師幫忙代筆寫他想要寫的字。

在書寫角可放置的各種書寫工具和材料包括：筆（如粗黑鉛筆、色筆）、紙張（如圖畫紙、白報紙）、複寫紙、舊信封、空白的小書、粉筆、黑板、文字印章、印臺、舊雜誌和廣告單、剪刀、膠水、膠帶、釘書機、打洞器等。當幼兒隨意玩這些書寫工具和材料時，常可能轉入目標導向的活動，例如：當幼兒想要寫一封信給父母時，即要求老師代他在紙上寫某些字，然後將信紙摺放入信封內；或是在聽過一個故事後，到書寫角將故事內容連續繪畫或塗寫在幾張紙上，再

裝訂成一本自己的故事圖畫書，因而發展出作者的意識。

　　為了積極鼓勵幼兒參與書寫角，使書寫角成為支持幼兒書寫萌發的資源，其設置和運作的要點包括：

(一)放置椅子和大張的桌子，可容納四至八位幼兒圍繞桌子坐著，讓幼兒互相模擬和觀賞彼此的書寫作品。

(二)設置展示架或布告欄，讓幼兒展示自己繪畫或塗寫的作品。

(三)每位幼兒有一個作品夾，用來彙集自己的書寫作品，教師亦可藉此持續瞭解幼兒的書寫發展情形。

(四)每位幼兒有一本日記本，用來記錄幼兒個人的生活經驗或是班上進行中的活動。

(五)書寫角靠近美勞角和圖書角設置，讓幼兒自由來回於這三個學習角之間，有效地結合使用三個學習角的材料，產生相互激發創意的行為；例如幼兒在圖書角看了一本故事書，接著到美勞角畫故事畫或到書寫角塗寫一個故事，使得閱讀、畫圖和書寫可交互進行和延伸。

　　以上所述幼兒園環境中的文字、學習區或遊戲角的讀寫材料、以及圖書角和書寫角的讀寫資源，較著重於對幼兒有功能的讀寫意義取向。如針對讀寫能力水準較低落或低成就的幼兒，教師亦可運用上述的讀寫資源融合讀寫的技巧和意義，安排進行小組或一對一密集明確的直接教學，例如在語文角或圖書角教個別幼兒識字、認讀常用的字，在書寫角教小組幼兒筆劃筆順和組字原則，藉以因應個別幼兒的讀寫發展與學習。

貳 圖書的運用

　　圖書是支持幼兒讀寫萌發和展現的主要媒介，延續第壹節所述幼兒園的圖書資源，本節闡述教師運用圖書資源以支持幼兒讀寫萌發展現的方式。

一、運用圖書支持幼兒多方面的語文發展

　　針對幼兒各方面的語文讀寫發展與學習面向，教師可分別參考下列運用圖書的教學方式（Giorgis & Glazer, 2013, pp.148-150）：

(一)幼兒能理解和使用成熟的語句

1. 提供豐富和多樣的成熟語言樣式。
2. 經常唸書給幼兒聽。
3. 鼓勵幼兒自己唸書。
4. 讓幼兒接觸各種書寫的樣式。

(二)幼兒能擴展字彙

1. 在一個故事情境中介紹新字，讓幼兒從故事情境中解釋字的意義。
2. 讓幼兒以自己的話語重述故事。
3. 使用故事中的語句引發幼兒的回應。
4. 分享呈現字彙的概念圖書，讓幼兒從某個字彙和圖畫中創造句子或故事。
5. 讓幼兒以肢體動作回應一個故事或詩歌的字句。
6. 為幼兒唸讀許多同一主題的圖書以增進字彙。

7. 引導幼兒使用正確的字彙，敘說與書中內容類似的個人經驗。

8. 引導幼兒使用書中的字彙，戲劇化演出故事。

(三)幼兒能享受語言的創造性和美感

1. 唸讀有關語言遊戲的圖書，接著讓幼兒進行語言遊戲。

2. 經常引導幼兒唸誦詩歌。

3　讓幼兒聆聽繞口令。

4　讓幼兒跟著老師唸書中的重疊句。

5. 進行語言的視覺遊戲，如猜字謎。

(四)幼兒能成為靈敏的聆聽者

1. 給幼兒一個特定的聆聽目的。

2. 讓幼兒參與說故事。

3　示範適當的聆聽行為。

4　建議幼兒在聽故事時創造心理的意象。

5. 為幼兒重述故事，以檢核他們原來的印象。

(五)幼兒能學習閱讀

1. 讓幼兒聽到書寫中較常出現的語言類型。

2. 讓幼兒看到閱讀時拿著書、看文字、翻書頁的過程。

3. 重複唸讀幼兒喜愛的故事和詩歌。

4. 教師或家長為個別幼兒唸書。

5. 將幼兒熟悉的兒歌製成圖表或小冊。

(六)幼兒能有效地以口語、書寫、和視覺圖像溝通

1. 將幼兒口述的故事筆錄下來。
2. 讓幼兒敘說他們喜愛的故事。
3. 讓幼兒使用絨布板重述一個故事。
4. 讓幼兒使用面具和布偶演出故事。
5. 讓幼兒為無字圖畫書提供文字內容。
6. 將幼兒敘說無字圖畫書的內容錄音下來。
7. 幼兒兩人一組玩遊戲，由一位幼兒描述書中的一張圖畫，另一位幼兒試著找到這張圖畫。

二、唸書給幼兒聽

　　以上列舉教師運用圖書的方式中，強調要經常唸書給幼兒聽、為幼兒唸讀許多同一主題的書、為個別幼兒唸書，許多研究發現經常唸書給幼兒聽是幼兒學習讀和寫的重要經驗，對於幼兒讀書的興趣和能力有顯著影響（Galda & Gullinian 1991; Glazer & Burke, 1994; Mason, Peterman, & Kerr, 1989; Pentimonti, Justice, & Piasta, 2013; Snow & Ninio, 1986; Teale, 2003），幼兒經常聽他人唸書的經驗可增進幼兒的字彙發展、書的概念、以及對故事的理解和重述能力，並可引發幼兒在心中創造故事的架構、知道故事如何開始進行和結束，而開始發展故事結構的意識。許多縱貫式的個案研究顯示故事是幼兒理解生活的方式，讓幼兒體驗文字的創造性和美感，幼兒聽故事的數量愈多，日後在讀寫有關的活動表現愈佳（Cullinan, 1989）。

　　幼兒的圖書簡化了書面語言的複雜度，例如文字很少、頁數很少、簡單的情節、押韻和重複的詞句、圖畫提供每一頁在說什麼的線索，再加上成人為幼兒唸書的社會互動行為，例如對幼兒說：「我們

必須從書的前面、而不是後面開始唸起」；「移開你的手指，你的手指蓋住字，我就不能看見字和讀這些字了」；「等一下，我還沒有唸完這一頁」，這些社會行為幫助幼兒簡化複雜的閱讀情境，讓幼兒獲得故事的知識和發現文字的神祕性，知道文字在說些什麼（Schicke-danz, 1982）。

　　在幼兒園的團體活動時間，教師可為全班幼兒朗讀圖書，在遊戲角時間，教師則可到圖書角或語文角為個別或一小組幼兒唸讀圖書。此外，在幼兒吃點心後、吃午餐前後、午睡前後、或下午放學前，也可安排為每日例行的說故事時間，讓幼兒有所期待。教師不論何時為幼兒朗讀圖書，基本上需要有足夠的時間讓幼兒得以從容享受讀書、聽故事的樂趣。尤其是幼幼班的幼兒，每天都需要聽和看各種圖畫書、無字書、和附有音韻歌謠的書，並察覺書中的圖畫代表他們身處環境中真實的事物（Strickland & Riley-Ayers, 2007, p.25）。

　　在家裡親子共讀的過程中，親子間的對話常會建構一個支持閱讀的語言鷹架，例如：吸引幼兒的注意、問幼兒命名的問題（如：這叫作什麼）、等待幼兒回答或父母親自行回答、以及給予幼兒回饋等。而在幼兒園裡，教師與個別幼兒、一小組幼兒、或全班幼兒共讀的過程中，教師為幼兒唸讀書的語言鷹架即可支持幼兒對故事的欣賞與瞭解，同時讓幼兒在圍繞著教師聽故事時，發展與教師之間的親密關係。歸納而言，幼兒園教師為幼兒唸讀書的方式，可參考運用下列要點（Burke, 1986, pp.57-40; Mason, Peterman, & Kerr, 1989; Morrow, 1988; Pentimonti, Justice, & Piasta, 2013; Sawyer & Corner, 1991, pp.38-59）：

(一)位置

　　為一群幼兒唸書時，讓幼兒集中坐在小椅子或地毯上，面對著教

師圍繞成半圓形，教師靠近幼兒坐著、握持著書，書頁面向幼兒，確定所有幼兒都能清楚看得見書頁；為個別或一小組幼兒唸書時，師生則可較隨意坐在地毯上，或讓幼兒自己拿著書、翻書頁。

(二)人數

為一群幼兒唸書時，如是小團體進行，師生之間和幼兒之間有更多彼此發問和討論的機會；如是全班一起進行，教師則可持續唸讀與故事直接有關的內容，避免因個別幼兒的插話而中斷唸讀；有時也可邀請幼兒的家長或社區人士，來幼兒園協助為個別幼兒一對一地唸讀書。

(三)選書

為一群幼兒唸書時，因幼兒對於圖書有個別不同的興趣傾向，可選擇大多數幼兒都可能有興趣的書，圖書的版面和插圖夠大，讓所有幼兒都能看得見；為個別或一小組幼兒唸書時，則可讓幼兒自己選擇要唸的書，也可唸幼兒自己繪製的書（或是教師代筆寫的書），讓幼兒有身為圖書「作者」的成就感，親身經驗「讀者」在讀自己的書。有時可重複唸讀過去曾經唸過、且幼兒表示喜愛的書，尤其為一群幼兒讀過的書可繼續放置在圖書角，教師再重複為個別或一小組幼兒唸讀。

(四)預備

為幼兒讀某本書之前，教師自己先熟讀這本書並熟悉書中角色、故事情節、對話、和重複的字句，或可考量幼兒的年齡和興趣，預先修飾、改編、或補充書中的內容和字句。

(五)書名

首先指著封面的字唸出書名、作者和繪圖者的姓名，或讓幼兒試著唸封面上自己認得的字；可先讓幼兒根據書名和封面圖畫推測書的內容，或讓幼兒敘說自己與圖書內容有關的個人經驗；或者，教師暫時先不介紹書名，而是先讓幼兒翻看過每一頁的插圖後，教師接著為幼兒讀插圖旁的文字，再讓幼兒自己替這本書想個書名、並敘說選用此書名的理由。

(六)動機

首先透過介紹或問問題，引發幼兒聽故事的興趣和動機，例如教師說：「在這本書裡有一個男孩，他想要給媽媽一個生日禮物」「你們想知道動物們晚上去哪裡睡覺嗎？」「在這本書的最後一頁，是一個怪物的圖畫，你們想怪物是真的或假裝的？」

(七)重點

為幼兒唸讀某本書時，參照該本書的特點而選擇運用不同的方式，或是以說故事的方式進行、著重於讓幼兒熟悉故事內容，或是以朗讀的方式進行、著重於讓幼兒聆聽書面語言，或是鼓勵幼兒自己觀看插圖並說故事、著重於讓幼兒學習看圖說話。

(八)唸字

教師握持著書、翻著書頁為幼兒唸讀書時，有時可由上而下、或由左而右指著書上的字唸讀，以此顯示唸讀的方向，可讓幼兒察覺書上的文字，再按序說著故事，並且察覺一個字唸一個音；但也不需要每次或整本書都這麼唸，以免阻礙幼兒完整欣賞全本書的情節和圖

畫。

(九)聲音

教師清楚地唸讀書，說話的速度要讓幼兒在聆聽時能跟著觀看書中圖畫，教師有時可改變唸讀的聲音（如：柔軟、大聲、嘲弄、急促、緩和），以符合書中的角色特徵；同時注意維持故事的節奏，在興奮或快動作的部分唸得較大聲和較快些，而在故事的某些重要部分，輕聲的耳語可能較吸引幼兒注意。

(十)肢體語言

教師可運用表情或姿勢，戲劇性地強調故事的重要部分，但宜避免過份誇張，以免幼兒只注意看教師的肢體動作、而忽略了書的內容。

(十一)停頓

為了吸引幼兒對圖書的注意，可在情節轉換之前停頓，讓幼兒想一想或有所期待，或在故事的懸疑處停頓，提示幼兒：「接著可能發生什麼？」「你能看到咪咪貓的尾巴嗎？」停頓盡可能簡短，隨即繼續說故事，避免多說額外與故事無關的話。

(十二)幼兒參與

順著故事情節的發展，有時讓幼兒以口語對話或行動來參與說故事，參與的方式例如：讓幼兒跟著說書中人物的對話；模擬行動，如「讓我們敲敲門」；預測結果，如「你想小漢會看到什麼？」；表達意見，如「你們最喜歡什麼？」；回憶先前的故事部分，如「剛才熊爸爸曾對小熊說什麼？」；敘說有關的個人經驗，如「愛伶，你的

小狗不是也叫西西嗎？」；或是跟著唸書中押韻或重疊的字句。但有時為了維持故事的連續性，教師可持續唸讀完書後，才讓幼兒參與討論故事情節，如有的幼兒中途插話，可先對他說「請等一下再告訴我們」。

(十三)唸完書後

教師可再從頭慢慢地翻書頁，不要說什麼話，讓幼兒自己安靜地觀看、回憶剛才聽過的故事，如此可提示幼兒想說、想問、或想再討論的事；教師也可簡短地重述故事的情節，以幼兒類似的生活經驗提示書中角色發生的事件，提出一些討論的問題，鼓勵幼兒自由發表想法和感覺。

參　連結讀寫的經驗

幼兒的讀寫發展蘊含於語言之聽、說、讀、寫和其經驗的整體連結系統，為支持幼兒連結其口說語言、書面語言、和實際經驗，可採用引發幼兒讀寫的「語言經驗取向」（Language Experience Approach，簡稱LEA）的方式，讓幼兒從自己的角度，連結其自己的經驗、口語、寫、和讀的相互關係，並顯示圖像或文字被創造和使用的過程（Johnson, 1992）。語言經驗取向的過程包括：

一、一個經驗

我（幼兒自己）曾有的「經驗」是重要的。

例如：我看到幼兒園門前來來往往的車。

113

二、敘說經驗

我的經驗可以「說」出來給別人聽。

例如：回到教室討論，我敘說我剛才看到或聽到什麼。

三、寫成文字

我說的話可以「寫」成圖像或文字，或是由別人代筆幫我「寫」成文字。

例如：我說：「我看到好多顏色的車子、黃色的計程車跑來跑去、車子後面在冒黑煙、車子叭叭地響」，老師將我說的話寫在紙上成為文字。

四、唸讀所寫的文字

寫成的字可以由我或別人再「讀」出來。

例如：老師指著由我說的話寫成的字，唸給我聽，我也跟著老師唸讀這些字。

語言經驗取向的目的並非特意要讓幼兒學習認得特定幾個字，雖然在其過程中有些幼兒會多認得幾個字；然而，語言經驗取向的主要目的是向幼兒顯示圖像或文字被創造的過程，以及顯示唸讀這些文字時需要連結原來經驗的口說語言和記憶，讓幼兒察覺圖像或文字的溝通功能、察覺口說的話可以轉寫成圖像文字，再從圖像文字中讀出其意義。語言經驗取向的讀寫內容是根據幼兒自己的經驗和其產生的口語，因而顯示讀寫對於經驗和口語的相關意義。

語言經驗取向運用於幼兒園的幼兒活動中，基本上可分為團體的和個別的兩種語言經驗，團體的語言經驗可透過班級的團體活動或分

組活動進行，個別的語言經驗可透過學習區或遊戲角的角落活動、個別活動、自由活動、或日常生活中進行。

一、團體的語言經驗

　　團體的語言經驗過程主要是由教師引導，全體幼兒共同的經驗由教師代筆寫成文字，成為一張團體的經驗表。但是在團體中，每位幼兒可用於創造文字的口語機會常是較少而有限的，因而教師在經驗表上所寫的字，可能只是來自於團體中少數幾位幼兒的口語敘說，而其他多數幼兒則可能沒有機會敘說，因此進行團體語言經驗的人數不宜太多，讓每位幼兒都有較多參與和說話的機會。團體的語言經驗有不同的活動進行方式，例如：

(一)全班去郊遊或戶外參觀，幼兒觀察、討論、創造文字、和唸讀文字。

(二)重新改編一首熟悉的歌曲、詩歌、或童謠。

(三)感謝來幼兒園的訪問者，在大張紙上寫出每位幼兒說的感謝的話，並讓幼兒在紙上簽名或畫圖表示他們的感謝心意。

(四)討論訂定教室的常規，如：在學習角的行為、在故事時間的行為、照顧班級寵物的程序、教室小助手的責任等。

(五)記錄天氣、每日全班出席人數、校車的時間表。

　　例如：筆者的學生在幼兒園擔任實習教師時，帶領一組幼兒出外參觀社區的消防隊，分別在參觀之前和參觀之後的團體討論過程中運用了團體的語言經驗取向。

(一)參觀之前

　　在幼兒園先引導幼兒參照自己過去曾有的經驗，將心中預測「在

走去消防隊的路途中」可能會看到什麼東西，說出來給別的小朋友聽；引導幼兒先預測，讓幼兒對於參觀有所期待，藉以引發幼兒更注意觀察路途中事物的動機。教師將幼兒說的話寫在一大張紙上，成為一張團體的經驗表，再指著表上所寫的字，一字一字地唸讀出來給幼兒聽（參見表4-2：團體討論的經驗表－參觀之前的預測）。

(二)參觀之後

參觀消防隊之後，再讓幼兒對照參觀途中實際看到的東西，比較和驗證自己先前的預測；教師為幼兒一一唸讀出先前寫在經驗表上幼兒預測的東西，讓幼兒分別說出剛才在參觀途中是否有看到這個東西，如有看到，教師即在那個字前做個記號（如：畫個圈○），或另外加寫先前沒有預測到、而參觀時實際看到的東西（參見表4-2：團體討論的經驗表－參觀之後的驗證）。

另一組幼兒觀察討論的是「在消防隊」看到的東西，也寫成一張經驗表張貼在教室的牆上，活動過後，實習教師觀察到幼兒常會自動前去觀看經驗表、指指點點、唸出自己認得的字，還會一一比較「在消防隊」和「在走去消防隊的路途中」兩張表的不同，有哪些東西寫在這張表上、但沒有寫在那張表上。

表4-2　團體討論的經驗表

參觀之前的預測	參觀之後的驗證
消防車	◯ 消防車
消防隊員	◯ 消防隊員
水管	◯ 水管
雲梯車	◯ 雲梯車
消防衣	◯ 消防衣
面罩	◯ 面罩
停車場	◯ 停車場
救護車	◯ 救護車
警察車	◯ 警察車
直昇機	直昇機
賣娃娃的商店	賣娃娃的商店
加油站	◯ 加油站
醫院	醫院
蓋房子	◯ 蓋房子
賣房子	賣房子
油罐車	油罐車
招牌	◯ 招牌
麵包店	◯ 麵包店
	◯ 茶葉店
	◯ 郵局

二、個別的語言經驗

　　個別的語言經驗是一位幼兒個別口述、由教師代筆寫下來，幼兒敘說其個人的經驗可能是自己畫的圖畫標題、創作的作品內容、或是自己從家裡帶來的東西，由口語轉寫成的文字對其個人有特定的意義。個別的語言經驗亦有不同的活動進行方式，例如：

　　(一)每位幼兒根據自己的一個經驗畫一張圖，並說出圖畫的標題。

　　(二)每位幼兒從家裡帶來自己最喜歡的一個玩具，介紹玩具的名稱和玩法。

　　(三)每位幼兒帶來家庭照片，介紹自己的家人。

(四)提供每位幼兒一個句子架構（如：我喜歡我的……），讓幼兒畫一張有關的圖畫，以完成這個句子。

例如：幼兒在書寫角常會請老師代筆幫他寫他想要表達的字，顯示幼兒已知道文字的功用是讓別人瞭解自己心中的想法和話語，所以會主動來請老師代筆寫，其情形如下：

畫圖之後，請老師在圖畫旁寫「飛機」、「船」。

製作小書後，拿給老師看，並請老師幫忙寫上他的名字。

畫完日誌圖後，請老師幫忙寫：「我和媽媽去公園玩。」

畫完卡片後，請老師在卡片上寫：「祝欣宜早日康復，快快上學，韻晴上。」

肆　讀寫的遊戲

遊戲的主要意義是由內在動機引起、自動自發、自由選擇的；需要熱烈的參與、不是嚴肅的；著重於方式和過程、而非目的和結果，遊戲的方式隨著情境和材料而隨意變換，其目的亦可隨時改變；遊戲是有彈性的，不受外在規則的限制；在遊戲中常運用假裝的方式扮演，而超越此時此地的限制（Rubin, Fein, & Vandenberg, 1983）。幼兒在幼兒園學習區或遊戲角的遊戲經驗，主要是最符合遊戲自動自發、自由選擇意義的自由遊戲；然而，教師亦可能因應個別幼兒學習與發展的需要，引導幼兒的遊戲，或安排幼兒在特定的時間或區域從事特定的遊戲，或適時介入與幼兒共同決定遊戲的內容，或透過開放性的問題引導幼兒從遊戲中學習；再者，教師亦可能更進一步直接指導幼兒遊戲，由教師帶動遊戲，遊戲的內容和人數大多由教師決定，以幼兒的具體經驗爲基礎，發展有意義的接受學習（黃瑞琴，2011，

頁30-32）。

　　本節以下所述讀寫的遊戲，是著重於幼兒在學習區或遊戲角自動自發、自由選擇的自由遊戲，如本章第壹節所述，幼兒園設置讀寫材料豐富的學習區或遊戲角，讓幼兒因自發的動機和需要自由選用讀寫材料，可支持幼兒在遊戲中擴展讀寫的行爲和語言、探索文字的功能、和閱讀環境中文字的能力（Neuman & Roskos, 1990; Roskos & Neuman, 1994; Vukelich, 1994）。至於教師介入較多的引導遊戲或指導遊戲，則可延伸運用於引導或直接指導讀寫技巧較低落的幼兒，在特定的遊戲區安排特定具體的讀寫內容，由教師帶領個別或小組幼兒學習識字、認讀字、筆劃筆順、或組字方式等的特定讀寫技巧。

一、遊戲中的讀寫

　　當幼兒處於充滿讀寫材料和圖像文字的環境時，常會將其讀寫概念與行爲融入於遊戲過程。例如：林文韵（2003）研究發現幼兒的讀寫常融入於幼兒的假裝遊戲之中，幼兒的書寫作品常來自於假裝遊戲；林文莉（2009）研究發現幼兒的書寫常結合文字、畫圖、與說話的方式融入於假裝遊戲中，遊戲是幼兒感興趣的、自發的、好玩的，融入遊戲中的書寫通常是功能性的書寫，對幼兒而言是比較容易的書寫方式；Dyson（1993）研究發現書寫語言不只是促進幼兒各種戲劇遊戲活動的支柱，更是重塑幼兒遊戲意義的仲介；Rowe（1998）探究二歲的幼兒即能透過書本有關的扮演遊戲，展現他們對於書中概念的理解和感覺。

　　Vygosky檢視兒童書面語言的發展過程（參見本書第二章第伍節：寫的萌發進展），即強調幼兒的讀寫經驗是要在幼兒心中產生讀寫的內在需要，讀和寫應成爲幼兒遊戲中所需要的，讀寫活動須在幼兒的遊戲過程中進行。Vygosky指出對沒有抽象思考的幼兒而言，意

義和具體的事物是不可分的，幼兒沒有看到具體的事物即不瞭解它的意義，例如幼兒沒有看到老虎，就不知道老虎的意義。幼兒到了約三、四歲時，開始出現想像遊戲，遊戲提供一個轉換的階段，透過遊戲，一個物品常代表另一種事物的意義（如：一個木塊代表一個娃娃、一根木棍代表一匹馬），這個遊戲物品就像是個樞軸，使得意義能從具體的事物中被分離出來（如：一根木棍使得馬的意義能從一匹真的馬中被分離出來）。因此，遊戲創造了一個想像的情境，支持著幼兒發展抽象思考的能力，並且讓幼兒能在想像中實現在真實生活中不能實現的欲望（Vygotsky, 1978, pp.92-104）。從發展的觀點看，Vygotsky認為幼兒的想像遊戲創造了幼兒的「最近發展區」（參見本書第三章第參節：支持讀寫的鷹架），幼兒在其最近發展區內，透過成人的指引或與較有能力的同儕友伴合作，幼兒在遊戲中的表現總是超越他目前的年齡和日常行為，幼兒在遊戲中彷彿是高於他自己的一個人。

有關幼兒遊戲與讀寫的研究顯示，遊戲有助於幼兒的讀寫學習（Roskos & Christie, 2000）。例如：參照幼兒在家中早期書寫發展的個案研究（Gundlach, McLane, Stott, & McNamee, 1985），五歲的吉兒和六歲半的姊姊妮娜在在家裡一起遊戲時，書寫常是她們扮演遊戲的一部分，有時是遊戲導引至書寫的活動，有時書寫是作為扮演遊戲和想像的一個好玩的延伸；吉兒的姊姊妮娜在學校已有較多書寫的經驗，常會提供吉兒一些書寫的想法，讓吉兒參與書寫的活動，而有助於擴展吉兒的書寫，讓吉兒更進一步認識書寫的用途。例如：她們在玩調製「魔藥」時：

　　吉兒和妮娜都拿了一張紙，她們談論著要列出魔藥成分的單子，妮娜在紙上寫著，並且唸出拼的字母，吉兒也跟著寫。

在這個遊戲中，吉兒學習呈現魔藥成分的一種新方法，以及學習列出的單子可用來作爲之後的參考，吉兒因此經驗了書寫是另一種象徵的媒介。妮娜的影響不是直接教吉兒如何寫，而是經由互相參與遊戲中使用書寫來創造共享的意義，妮娜提出想法、安排材料、示範寫字、以及爲吉兒拼字。在早先幾天，吉兒和妮娜眞正玩過調製魔藥，因爲經驗是來自於兩人先前的相互遊戲，彼此間沒有競爭的衝突，兩人能共享一起遊戲和談話。兩人的書寫活動是延伸自先前的遊戲，這個經驗對她們是愉快的和有意義的，在調製魔藥以及隨後記錄魔藥的成分時，她們正在感覺她們創造了她們自己的讀寫意義。由於姊妹兩人的相互參與和妮娜的協助，吉兒所寫的比她先前所寫的文字作品更複雜，她寫的每個字都是有目的、有意識的決定。

幼兒在幼兒園進行扮演遊戲的過程中，亦可透過同儕的互動與合作，於幼兒之間產生有關讀和寫的三種對話（Neuman & Roskos, 1991）：

(一)確認讀寫有關的事物名稱

一位幼兒詢問與讀寫有關的某個事物名稱，另一位幼兒則確認或糾正其名稱；例如兩位幼兒在扮演角布置成的辦公室玩，他們翻閱著桌上的日曆，要找其中一位幼兒的生日：

> 雙華：（翻閱著日曆）7月25日在哪裡？
>
> 名村：（指著日曆）6月25日在那裡。
>
> 雙華：不是6月25日。7月25日在哪裡？7月25日在哪裡？
> 它在哪裡？（很快翻閱著日曆）
>
> 名村：（重複指著日曆）不，等一下，它在那裡。
>
> 雙華：好，我們找到了，名村，現在你把7月25日的邀

121

請卡寄給很多人。

(二)商議讀寫有關的主題意義

一位幼兒敘說讀寫有關的某個角色、活動、或程序，另一位幼兒則解釋、詢問、或進一步擴展主題；例如三位幼兒在扮演角布置成的圖書室玩：

大爲（對珊婷說）：要買一本書嗎？

可德（對大爲說）：這是圖書室，他們不買書，他們只借書。

珊婷：我可以借這本書嗎？

可德：你有借書卡嗎？

大爲（對珊婷說）：不是，這本書不再賣了。

珊婷：有書賣嗎？

可德：（有點沮喪）不，你不能買它們，你只能借它們。

大爲：這是一本好書。

珊婷：對。

大爲：你可以借四天（他在一張紙上寫字，好像在寫借書紀錄）

珊婷：嗨！我買……我借這本書四天！

(三)教玩伴讀寫有關的作業，以達成遊戲的目的

一位幼兒要求同伴協助讀寫有關的某個活動，另一位幼兒充當教

師，提供口語的引導和示範；例如兩位幼兒在扮演角布置成的辦公室玩：

秀吟：妳的名字怎樣寫？

惠玲：這樣寫（在紙上寫自己的名字）。

秀吟：（照著在紙上寫惠玲的名字）是不是這樣寫？

惠玲：（看秀吟的紙）對！那妳的名字怎樣寫？

秀吟：我也寫給妳。

　　如同此書寫遊戲的實例所顯示，研究發現幼兒在充滿書寫材料的書寫角遊戲過程中，常與玩伴互動和談論彼此塗寫的圖像文字，此遊戲過程具有幫助幼兒組織和建構其書寫經驗的三種作用（Blazer, 1986）：

1. **澄清**：幼兒之間彼此澄清和商議有關書寫的社會性規則和價值。
2. **協調**：幼兒之間彼此協調和建構寫字的意義。
3. **評鑑**：幼兒彼此分享、比較、和評鑑寫字的成品。

二、教師的角色

　　參照前述「最近發展區」的概念，遊戲可作為能產生讀寫行為的社會情境，在幼兒遊戲過程中除了與同儕玩伴的互動合作，再加上成人給予功能性的遊戲介入經驗，更能幫助幼兒超越其閱讀文字的能力，讓幼兒發現文字是有意義的，而增進幼兒閱讀和聯結環境中文字的能力（Schrader, 1990; Vukelich, 1994）。

　　教師功能性的介入幼兒讀寫有關遊戲的方式，例如在布置成郵局

123

的扮演角遊戲中，提供幼兒有關的文字標籤或標誌（如：信箱、郵筒、信封、郵票、地址和郵遞區號等），並且從旁建議想法、提出問題，或參與扮演其中的角色、和幼兒一起玩，藉以顯示在遊戲過程中如何使用這些文字標籤或標誌（如：當郵差送信、當郵局職員賣郵票、寫一封信、寄信給一位朋友等）。教師介入幼兒讀寫遊戲的方式，因遊戲與讀寫的關係而有所不同，例如在幼兒的戲劇扮演遊戲過程中，有時讀寫是遊戲的主題，有時讀寫並不是遊戲的主題、而是添加的或偶發的，教師是否介入或如何介入，即可能有下列四種情形（Davidson, 1996, p.107）：

(一)讀寫為焦點的戲劇遊戲

由教師計畫或從旁引發的戲劇遊戲，以讀寫為遊戲的主題，例如辦公室、圖書館遊戲。

(二)添加讀寫的戲劇遊戲

教師計畫戲劇遊戲和引發讀寫活動，藉著添加讀寫活動而充實幼兒的遊戲，但讀寫不是遊戲的主題；例如餐廳遊戲，教師添加菜單和記錄本等讀寫材料至遊戲中，餐廳遊戲的產生原可不需要這些讀寫材料，但讀寫活動充實了餐廳遊戲內容。

(三)偶發讀寫的戲劇遊戲

教師隨機回應幼兒的戲劇遊戲，因而引發幼兒進行讀寫活動，但讀寫不是遊戲的主題；例如一位幼兒將娃娃放在小床上，教師即可建議幼兒拿一本書唸床邊故事給娃娃聽。

(四)幼兒自發讀寫的戲劇遊戲

幼兒自發地將讀寫運用在其遊戲中，並未經由教師的介入，但讀寫不是遊戲的主題，例如一位幼兒自發地唸著罐頭上的標籤。

教師是否介入或如何介入幼兒的讀寫遊戲，需先透過觀察幼兒遊戲，評估幼兒正在注意什麼和嘗試著完成什麼，藉以確定幼兒遊戲的主題和讀寫意向，並且敏感覺知幼兒正在萌發展現的讀寫興趣、技巧、和需要，藉以因應和擴展幼兒的讀寫想法、引發幼兒以新的方式運用讀寫的遊戲材料、示範書寫的功能和介紹文字的新功能，讓幼兒在遊戲中具體經驗讀寫的意義和概念。

在幼兒園的幼兒遊戲過程中，教師參照幼兒讀寫萌發的概念，可持續轉換擔任旁觀者、遊戲者、和領導者三種角色的位置、參與方式、和使用的語言（參見表4-3所列）（Roskos & Neuman, 1993），藉以支持幼兒的讀寫萌發。

表4-3　教師支持幼兒讀寫遊戲的方式

角色	位置	參與方式	使用的語言
旁觀者	在遊戲之外	觀察瞭解幼兒對於讀寫的嘗試	表示注意到遊戲中的讀寫 詢問讀寫有關的遊戲
遊戲者	在遊戲之內	加入遊戲中一起玩 擔任讀寫有關的角色 提供讀寫的遊戲材料 協助幼兒讀寫的嘗試 強調透過讀寫以表達自我 邀請幼兒來玩讀寫遊戲	詢問讀寫有關的遊戲 使用讀寫的字彙和幼兒談話
領導者	在遊戲之內	加入遊戲中 示範讀寫的角色、技巧、常規 引發起讀寫有關的遊戲	詢問讀寫有關的遊戲 解釋讀寫的功能和特徵

（引自 Roskos & Neuman, 1993）

以下舉例說明表4-3所列教師支持幼兒讀寫的角色和方式：

(一)旁觀者的角色

幼兒自發地玩，教師從旁觀察或詢問幼兒對於讀寫的嘗試，例如一位幼兒正在嘗試寫一封信，教師詢問或建議（引自Schrader, 1990）：

> 你寫信給誰？
>
> 你要告訴他什麼？
>
> 你可不可以將信上寫的唸給我聽？
>
> 你在信封上寫了地址嗎？
>
> 你可以買一張郵票。

(二)遊戲者的角色

教師加入幼兒的遊戲中，和幼兒一起玩，例如（引自Schrader, 1990）：

> 扮演角布置成辦公室和郵局，貴銘坐在辦公室的桌子旁玩著電話和塗寫字。
>
> 老師：你的電話又響了（指著電話），我正在打電話給你，鈴！鈴！（老師撥打著放在郵局的電話）
>
> 瓊吟：喂！（坐在貴銘旁邊，接聽電話。）
>
> 老師：喂！貴銘在嗎？他在辦公室嗎？
>
> 瓊吟：在，你要和他說話嗎？
>
> 老師：是的，請你叫他聽電話，好嗎？

瓊吟：貴銘，是劉太太，她要你聽電話。

貴銘：請妳告訴她我太忙，好嗎？（正在寫字）

瓊吟：好，他說他太忙，所以等一下他再打電話給你。

老師：你幫我留話給他，好嗎？

瓊吟：好！（點頭）

老師：你那兒有便條紙嗎？

瓊吟：有。（拿便條紙和筆，用肩膀夾著電話筒。）

老師：告訴他我今天下午有一個會，我在四點鐘會打電
　　　話給他。

瓊吟：好！（在便條紙上寫著）

老師：妳寫下來了嗎？

瓊吟：是的。

老師：好，再見！

瓊吟放下電話，即把留話的便條紙拿給貴銘。

(三)領導者的角色

例如一位幼兒園的教師描述自己在書寫角帶領幼兒的情形：

今天在書寫角，我帶領幼兒自製小書，首先將紙裁好放
置於桌前，並示範如何使用釘書機，將紙裝訂成書頁，引發
幼兒畫畫、塗寫自己的書，或由我代筆幫他們寫，再唸給他
們聽。

在幼兒園日常的遊戲時間，教師可能持續因應著幼兒的遊戲情
形，而變換選用上述一種角色，例如這位在書寫角擔任領導者角色的

教師，接著轉換運用旁觀者、遊戲者的角色。

旁觀者：

　　第二天，我看到玫容走到書寫角拿了幾張紙，坐在椅子上便開始畫畫，畫好之後就拿釘書機釘起來，將作品放進書包。文軒、佳珊也相繼來到書寫角，拿紙畫畫，再用釘書機釘起來。

遊戲者：

　　幾天之後，聖誕節快到了，我在教室布置了聖誕樹，並在白板貼上聖誕老公公的圖片和「聖誕快樂」四個字。佳珊對我說她想作聖誕卡片，我即在書寫角放了卡紙和一些裝飾用的亮片。佳珊拿了一張卡紙，畫了一棵聖誕樹，還裝飾畫了星星、聖誕襪、燈等，我接著問她：「卡片上要寫些什麼字？」佳珊拿了兩種顏色的色筆，照著白板上的字，在卡片上寫了「聖誕快樂」四個字。

三、讀寫遊戲的時間

　　在幼兒園可提供幼兒讀寫經驗的自由遊戲時間，通常是在每天一早幼兒陸續到達園裡的時段、學習區或遊戲角開放的時段、或是在戶外遊戲的時段。在幼兒遊戲的時段，可提供幼兒有關讀寫的設備和材料（參看本章第壹節：讀寫的資源），讓幼兒在遊戲中看到讀寫的使用或產生讀寫的行為，其遊戲情形如下：

(一)來園時間

教室的牆上貼有一大張當月每天的劃到表，表上列出全班幼兒的名單，幼兒每天一早陸續到園時，即先在自己當天的劃到空格中簽名或畫圖，同時幼兒也可查看那些小朋友也已經來園劃到了，即可去找他們一起玩。教師也可準備一本出席簿，讓幼兒在出席簿上簽名。

每位幼兒的物品櫃放有一本空白的日記本，幼兒每天一早到園後，可拿自己的日記本畫畫或塗寫，日記的內容可能是有關幼兒的個人生活、正進行的單元活動、記錄每日的天氣、或回應聽過的故事等。在這個時段也可讓幼兒玩靜態的桌上遊戲（如：玩麵粉糰、拼圖、畫畫、剪貼），或開放靜態的遊戲角（如：圖書角、語文角、布偶角），並提供讀寫材料讓幼兒因應著遊戲的需要，自由選用。

(二)遊戲角時間

每位幼兒在遊戲角產生的讀寫事件，按照其不同的參與程度而需要不同的時間，例如：有的幼兒在語文角獨自看書十五或二十分鐘，有的則只翻閱五或十分鐘；有的幼兒花了將近半小時繪製故事畫，有的則只塗寫很短的時間即轉移至其他遊戲。因此基本上應提供足夠的遊戲角時間（至少約40分鐘），讓幼兒以自己的方式和步調進行讀寫，而不要受限於匆促的時段。

在遊戲角開放時間，幼兒可運用各個遊戲角的讀寫材料進行如下列的讀寫遊戲，讓幼兒在運用讀寫與人溝通、或透過讀寫回應自己的生活經驗和情感：

1. **積木角**：幼兒以紙筆標示、或由教師代筆寫他們搭建的建築物名稱。
2. **扮演角**：玩餐廳點菜、兌換飛機票、寫電話留言的戲劇遊

戲。

3. 美勞角：幼兒在自己的作品上寫名字和標題，或是口述其作品的名稱和內容，由教師代寫字。

4. 科學角：以紙筆描繪和記錄豆苗的生長高度、室內室外的溫度、或是科學試驗的變化情形。

5. 圖書角：看書或借閱圖書，幼兒自己在借書卡上登記名字和借還書日期，或蓋上借還書日期的印章。

6. 書寫角：繪製「我的書」，玩寫信和寄信的遊戲。

(三)戶外遊戲時間

有功能性的讀寫也可依著幼兒的遊戲需要，自然地延伸到戶外的遊戲過程中。幼兒在戶外玩各種遊樂體能器材時，常可能談論到一些遊戲規則，例如要排隊、滑梯要由上往下滑、輪流玩的次序；另外，幼兒在戶外遊玩時，常喜歡觀察自然、揀拾落葉、尋找昆蟲，或是談論著天空的顏色、落葉的數量、或昆蟲的樣子等。此時，教師可隨身帶著紙筆，在幼兒面前幫他們寫下所談論的要點，隨後再唸讀出所寫的字句給幼兒聽，在這種「語言經驗取向」（參見本章第參節）的過程中，讓幼兒察覺文字的功能可用來記錄和回憶先前所說的事情和發生的經驗。或者在戶外遊玩時，讓想要輪流玩某種器材的幼兒自己在紙上寫名字，再將此輪流的名單貼在器材旁，幼兒們即可按此名單順序輪流玩。

伍　統整讀寫的主題情境

參照第三章所述支持幼兒讀寫萌發的課程觀點，幼兒的讀寫發展與學習經由與周遭環境的互動經驗中，察覺讀寫的運作意義和溝通功

能，讀寫可被視爲分享意義、澄清思想、和探索世界的一個媒介，其中並同時蘊含讀寫的技巧，本章即闡述蘊含讀寫意義與技巧的經驗如何統整於幼兒的活動，成爲幼兒探索周遭世界的一個媒介。

　　在課程的組織型態中，所謂統整（integration）是指合成一體或關聯起來的意思，每個學生都有其各自的能力、經驗、興趣與需要，這些構成了他自己的意義架構，當他不斷學習時，這個意義架構便有了不斷成長的機會；由於每個人都是特殊的，其意義架構也是特殊的，因而所謂統整，應讓知識和學生經驗結合起來，使學生能運用知識並促進其意義架構的成長；由此觀之，統整是發生於個人身上的，知識最終要成爲個人意義體系的一部分（黃政傑，1991，頁297-298）。幼兒園的課程發展和實施常透過某個單元或主題聯結各種活動，所謂單元是指教學的完整單位，以單元的主題當作課程組織中心，提供學生有關某一主題的完整學習（黃政傑，1991，頁470）。

　　根據課程統整與教學的主題概念，幼兒園課程需要統整幼兒的讀寫經驗，促進幼兒個人讀寫意義架構的成長，讓每位幼兒的能力、經驗、興趣與需要融入主題活動中，使得讀寫功能的知識成爲幼兒個人意義體系的一部分。參照第三章第貳節所述有關幼兒讀寫之物理、認知、和社會文化的情境，統整幼兒讀寫經驗的情境除了需提供相關的物理材料，幼兒需要有與教師和同儕互動、共同參與讀寫的社會文化經驗，以從中發現自己作爲一個閱讀者和書寫者的心智認知機能。

　　以主題進行有關讀寫的情境，例如：一位幼教老師（謝秀珠，1996）以「醫院」爲主題的教學實錄，顯示幼兒共同建構醫院的物理情境包括病房、嬰兒房、藥局、掛號臺、小兒科、外科，幼兒會邊玩邊設想須繼續增加的物品材料；而幼兒與友伴互動、共同參與讀寫的社會文化過程和認知機能，也自然地在活動中因讀寫的需要而萌發展現畫字、或參閱書上圖樣的行爲。

131

　　要掛號時，育萱、夷茹提出：「沒有健保卡不能看病。」於是他們跑來借走老師的健保卡觀看一番，幾分鐘後各種造型、自行圖繪的健保卡一一呈現，還自行「畫」名字、數字。

　　幼兒討論到：「有人受傷、骨折、殘障、生病沒力氣走路是不是要用拐杖、助步器、輪椅。」於是幼兒分組製作拐杖、助步器、輪椅。教師提供兩個蛋糕盒，辦公室借來有小輪子的椅子，於是幼兒從圖書角找到輪椅的圖樣，邊看邊開始動手逐步進行，有的畫製輪子，有的應用「小工程師」接棒玩具做椅子的墊腳板、扶手架。

　　為了更具體呈現主題的教學情境，如何將幼兒有關讀寫的意義、技巧、和經驗統整起來，以下接著再摘引和分析幼教老師的教學實錄中展現的幼兒讀寫經驗。首先以冰果店為主題的教學實錄（林瑞清、賴素靜，1996）為例。

一、主題情境：冰果店

　　今天積木角的冰果店出現了「價目表」，會寫注音符號的小朋友興致勃勃地拼音，有些小朋友則用圖表示，畫顆帶殼花生，代表花生冰，紅豆、綠豆裝成一盤，盤子下有數字，代表賣價，有些較不知從何著手的小朋友，則到圖書角找出《冰果店的學問》一書來做參考。

　　店名的決定是經由大家提名舉手表決的，元俊提議的「大象冰果店」獲得了大家一致的青睞，原因無他，因為我們是大象班嘛，當然要開一間「大象冰果店」啦！

　　在製作「大象冰果店」的宣傳海報時，「大象」畫好了，幾張合

作畫中的大象模樣都不一樣，都很可愛，但是要寫上「店名」對幼稚園的孩子來說卻是一大挑戰。「大」很容易認，孩子幾乎也都描得出來，接下來的這幾個字可就傷腦筋了。只見幾個孩子側著頭想，有人高興地跑到益智角，找到象棋中的黑色「象」棋子，請教師在紙上寫一遍，然後就照著描。碰到「冰果店」不會寫，也立刻去圖書角找到教師讀給他們聽過的《冰果店的學問》，指著前面三個字，問教師：「這是不是就是『冰果店』三個字？」確定後，一夥人又高興地照著書本上的字形描寫，這種主動解決問題的能力，不就是教師希望每位小朋友都能擁有的能力嗎？

　　在此教學實錄中，統整幼兒讀寫經驗的情境包括：設置積木角、圖書角、益智角的圖書和紙筆等材料之物理情境，幼兒詢問老師字形、老師示範寫字、幼兒表決並合作畫寫冰果店名之社會情境，幼兒在日常生活或主題活動中聽過或看過冰果店有關學問之歷史文化情境，以及幼兒想要解決店名、寫價目表、製作宣傳海報有關問題之心智情境。這些情境相互整合並支持引發幼兒讀寫的經驗，對照第三章第肆節列舉的幼兒讀寫萌發內涵項目，其中例如：使用圖書查詢需要的資料（找出《冰果店的學問》一書來做參考）；辨識認得的字（找到象棋中的黑色「象」棋子）；塗寫各種圖像符號，用來表達想法或記錄事情（有些小朋友則用圖表示，畫顆帶殼花生，代表花生冰，紅豆、綠豆裝成一盤，盤子下有數字，代表賣價）；模擬別人寫字（請教師在紙上寫一遍，然後就照著描）；詢問如何寫某個字，要求學寫更多字（問教師：「這是不是就是『冰果店』三個字？」確定後，一夥人又高興地照著書本上的字形描寫）。在此教學實錄中，幼兒想要開冰果店，因而顯示了讀寫的意義和功能，同時在有意義的讀寫過程中也顯示了幼兒學習仔細地認字、描字的讀寫技巧。

133

接著分別摘引以「逛街」、「道路」、「它從哪裡來」爲教學主題的教學實錄（引自：佳美、新佳美幼兒園教師家長，1995），綜合分析幼兒於活動情境中萌發展現的讀寫內涵項目。

二、主題情境：逛街

孩子在傀儡角開了一家冰淇淋店。

老師問：「那你們的冰淇淋店有沒有名字啊？」

孩子說：「有，叫好吃冰淇淋店。」

老師問：「客人怎麼知道你們有賣什麼口味的冰淇淋呢？」

孩子說：「寫字或是畫圖，貼起來就知道了呀！」

老師問：「你們有什麼口味的冰淇淋呢？」

孩子說：「香蕉、草莓、巧克力、芭樂、芋頭、鳳梨、芒果、橘子、檸檬、西瓜。」

討論之後，教師準備了一張大紙貼在牆上，將孩子所唸的口味名稱全寫了上去，二位孩子還在上面加上圖解，他們說：「因爲有的小孩太小，看不懂字，只要看圖片就會知道了。」真是一群體貼、聰明的老闆！

另外，有的孩子將圖書角變成了圖書館。爲了增加圖書館的藏書，因此請小朋友從家裡帶他想帶的故事書來，還請小朋友自己繪製一本故事圖，請父母親爲他們加上文字描述，如此就更豐富了圖書館的內容了。

三、主題情境：道路

全班孩子用報紙搓成一個個小紙團當砂石。秀穎和沛寰用膠帶當水泥在地上黏，後來秀穎又說：「教師，應該要量一量，要畫線，道

路才不會歪來歪去。」我就給他們粉筆、尺，他們就開始測量、畫道路範圍。而奕廷、佳林負責用砂石鋪路。

　　鋪著鋪著，奕廷又說：「大王老師，應該有一個牌子告訴人家這裡在蓋路呀！」我回答：「好呀！你去做，我幫你寫字。」接著，老師幫孩子在牌子上寫著：道路施工，諸多不便，請原諒。

　　沛寰和適宇、宗瀚拿著尺在鋪好的路那裡量來量去，量後又寫在紙上，我便問他們在做什麼，他們說：「我們在量有多長、多寬，記下來給老闆看呀！」

四、主題情境：它從哪裡來

　　孩子將大積木角布置成超級市場，進到教室，孩子一看到我，就急著跟我要電話、塑膠袋、標籤、筆等。當他們拿到所需的東西之後，就開始忙著整理塑膠袋，幫各樣物品貼上標籤及價錢，還陸續增加了魚、水果、蔬菜等貨品。

　　孩子將原來設在大積木角的超級市場，改建成輾米廠。孩子主動來要塑膠袋，因為他們要裝米。還要我幫他們寫米的名稱「三好米」、「中興米」及價格（三好米一袋150元、中興米一袋180元）。

　　上述三個教學實錄中，統整幼兒讀寫經驗的主題情境分別包括：傀儡角的冰淇淋店、圖書角的圖書館、大積木角的超級市場和輾米廠、以及蓋路活動的各種物品材料之物理情境，教師和家長代筆寫字、師生相互對話、幼兒分工合作之社會情境，幼兒在日常生活或主題活動中聽過或看過有關逛街、道路、貨品從哪裡來之歷史文化情境，以及幼兒想要解決冰淇淋店海報、圖書館藏書、測量和記錄道路、以及貨品標籤和價錢等有關問題之心智情境。這些情境相互整合

並支持引發幼兒讀寫的經驗，對照第三章第肆節列舉的幼兒讀寫萌發內涵項目，其中例如：知道文字能用來記錄事情（孩子說：「寫字或是畫圖，貼起來就知道了呀」；「大王老師，應該有一個牌子告訴人家這裡在蓋路呀」；幫各樣物品貼上標籤及價錢）；塗寫各種圖像符號，用來表達想法或記錄事情（小朋友自己繪製一本故事圖，請父母親為他們加上文字描述）；請別人代筆寫他想要寫的話（還要教師幫他們寫米的名稱「三好米」、「中興米」及價格）。

　　以上列舉教學實錄的幼兒讀寫情境，有的呈現在團體活動（如「冰果店」的主題中，大家討論表決店名，共同製作宣傳海報、寫上店名），有的呈現在分組活動（如「醫院」的主題中，幼兒分組製作拐杖、助步器、輪椅）、有的則呈現在遊戲角的活動（如「它從哪裡來」的主題中，將大積木角布置成超級市場，幫各樣物品貼上標籤及價錢）。接著下一節即綜合闡述幼兒的讀寫經驗如何呈現於幼兒園通行的團體活動、分組活動、以及遊戲角或學習區的活動。

陸　讀寫的主題活動架構

　　本章以上闡述支持幼兒讀寫萌發的課程實施方式，包括：提供幼兒園環境和學習區或遊戲角的讀寫資源、以團體或個別的方式運用圖書和連結幼兒讀寫的經驗、讓幼兒進行讀寫的遊戲、以及透過主題情境統整幼兒的讀寫經驗。本節即綜合歸納上述的課程實施方式，闡述支持幼兒讀寫萌發的主題活動架構，基本上可分為在團體活動或小組活動中進行「分享的寫和讀」以及「圖書的朗讀和回應」，由教師帶領和引導全班或小組幼兒共同分享讀寫和回應圖書；以及主要在遊戲角學習區遊戲或自由活動中進行「個別獨立的寫」和「個別獨立的讀」，由個別幼兒或幼兒自行組成的小組進行個別獨立的閱讀和書寫

（Strickland, 1989; Strickland & Riley-Ayers, 2007）（參見表4-4：幼兒活動中的讀寫經驗），以下分別說明這四種讀寫活動的實施方式：

一、分享的寫和讀

　　幼兒在團體或小組中與同儕友伴分享寫和讀，其讀寫經驗的焦點主要是圖表的發展、文本或文字分析、以及共同讀或重複讀圖表上的圖像和文字。教師先引導幼兒思考和談論有關主題的想法，然後透過圖像和文字展現幼兒的想法，其方式常是教師和全班幼兒一起討論發展寫成「團體的語言經驗」（參見本章第參節：連結讀寫的經驗），或寫成其他放大形式的文字圖表（如一本大書或海報）。

　　教師引導幼兒一起討論發展的圖表內容和形式（如圖樣、表單、書信、詩歌、食譜等），可能持續被增加或改變；例如教師以圖表列出每位幼兒分工做的事情、幼兒發表的意見、或事物的名稱等，教師

表4-4　幼兒的讀寫活動架構

活動類型	讀寫活動	讀寫經驗的焦點
團體或小組活動	分享的寫和讀	圖表的發展 文本或文字分析 共同重複讀圖表
	圖書的朗讀和回應	聆聽和回應圖書 參與閱讀圖書
個別或小組活動	個別獨立的讀	自我選擇 閱讀的行為 討論
	個別獨立的寫	畫圖、寫字 討論

資料來源：Strickland, 1989; Strickland & Riley-Ayers, 2007

的角色是催化或代筆寫下幼兒發表的內容，教師一方面鼓勵幼兒彼此
腦力激盪、共同討論和描述有關主題的想法，一方面將幼兒說的話寫
成一張圖表，然後教師可指著表上所寫的字、一字一字唸給幼兒聽，
或讓幼兒跟著老師唸，幫助幼兒瞭解口語被寫下來可成為視覺的字，
或是引導幼兒仔細觀察字形、字的結構、和字句的排列組合，讓幼兒
學習文字分析的技巧。或者，教師也可將兒歌、押韻的或重複的簡短
故事字句寫在大張海報紙上，指著一個一個字唸給幼兒聽，並且經常
重複引導幼兒跟著唸，當幼兒更加熟悉、預測、和期待這些字句，即
可能開始在兒歌或故事的字句中辨認字，並發展認字的知識和技巧。

　　在師生互動過程中引導幼兒分享寫和讀的方式，教師可參照運用
表4-5：「分享的寫之師生互動架構」中分別列舉教師寫之前、寫之
時、寫之後的引導方式，並瞭解幼兒可從活動中獲得的經驗和學習的
目標（Strickland & Riley-Ayers, 2007, pp.41-42）。

表4-5　分享的寫之師生互動架構

教師引導	幼兒經驗	學習目標
寫之前		
＊引導幼兒參與一個活動或討論，產生一個值得寫的分享經驗：可能連結到科學、社會、或回應聽讀故事 ＊和幼兒討論寫的形式（表單、書信、詩歌、食譜等） ＊展現對於預期書寫的高興和興趣	＊針對一個活動的興趣和重點進行討論 ＊預期將想法從談話進展至文字的機會	＊參與活動、產生有思想的討論 ＊增進字彙和概念的發展 ＊瞭解說的話能被寫下以及文字帶有的意義

（續）

教師引導	幼兒經驗	學習目標
寫之時		
＊抄寫在黑板或圖表上 ＊引導幼兒討論被寫下的內容和語言 ＊建議幼兒接著可能寫的字詞 ＊提醒幼兒注意書寫的常規習慣，例如字間要留有間隔、從左到右書寫	＊觀察老師寫下討論的想法 ＊提供可能寫什麼的建議 ＊注意老師使用和說明的文字常規習慣	＊瞭解書寫的語言有特定的形式和常規
寫之後		
＊為幼兒唸讀寫成的文本 ＊重複唸讀文本，鼓勵幼兒參與一起唸 ＊引導幼兒分析文本時，討論想法和注意文字型態，例如注意到重複的字句 ＊鼓勵幼兒嘗試自己書寫，並提供他們需要的材料和引導	＊觀察老師唸讀出寫成的文本 ＊盡可能分享重唸的文本 ＊參與分析文本時，注意比較配對字句和辨認知道的字 ＊嘗試自己獨立透過書寫的表達以溝通想法	＊瞭解寫出的話能被自己和他人唸讀與討論 ＊嘗試寫下和畫出自己有興趣和對自己重要的事情

資料來源：摘引自Strickland & Riley-Ayers, 2007, pp.41-42

　　例如在「好吃的水果」主題中，分享寫和讀的主題活動實施方式可包括：

(一)討論和列表寫出參觀水果店時看見的水果。

(二)列表寫出每位幼兒最喜歡吃的水果。

(三)全班票選出十種最好吃水果，繪製成一本「大書」。

(四)討論如何製作水果沙拉，繪製成簡易食譜。

(五)唸讀有關水果的兒歌海報。

(六)討論和畫出某一種水果（如香蕉）特徵的網狀圖（參見圖
　　4-1）。

139

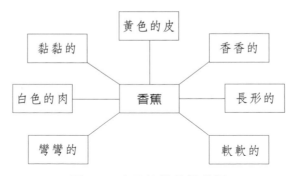

圖4-1　水果特徵的網狀圖

　　第六項所謂之網狀圖，是指教師在黑板或海報紙上繪製一個蜘蛛網狀的圖像組織（web），寫出幼兒所討論和敘說的字句；創造一個網的過程稱為織網（webbing）或繪圖（mapping），是以視覺的圖式呈現一個中心概念涉及的不同資料類別和其間的關係，讓幼兒更為一目瞭然地分享閱讀網狀圖中的文字（Bromley, 1991）。

　　另一方面，教師亦可在日常的生活中，隨時透過寫通知單、寫便條、或寫教室的布告海報等方式，讓幼兒分享寫與讀在生活中的應用情景，以引發幼兒書寫探索的動機（Ollila, 1992），例如：

(一)寫通知單

　　讓幼兒看到教師用寫字來溝通事情和傳達訊息，並向幼兒說明自己正在寫什麼；例如對幼兒說：「小朋友看，我正在寫通知單給你們的爸爸媽媽，告訴他們星期六我們要去郊遊，我現在開始寫『親愛的家長……』。」

(二)寫便條紙

　　教師可在幼兒面前寫備忘的便條紙，例如寫下團體時間要對幼兒

說明的事項，並對幼兒說：「讓我看看我剛才寫的便條，是不是已經告訴你們我寫的每件事情了。」

(三)寫布告海報

教師將需要公告的事情寫成海報，並經常指著海報展示的字唸給幼兒聽，讓幼兒辨識老師唸的話語是來自於文字而不是旁邊的圖畫。

二、圖書的朗讀和回應

圖書的朗讀和回應亦可說是針對圖書之分享的讀，在幼兒園的班級每天可安排一段時間，參考本章第貳節所述運用圖書之「唸書給幼兒聽」的方式，由教師朗讀圖書給全班或小組幼兒聽，並引導幼兒以各種方式回應圖書。

所謂回應圖書是指讀者對文學作品的回應，包括對作品有更深層的體驗與回應、對作品產生聯想並融入故事中引起共鳴、以及將回應與共鳴加以彙整後反省自己的閱讀行為（張湘君，1993）。幼兒對於圖書的回應，是使用一個新的型態再陳述或再經驗圖書的方式，可增強幼兒對於圖書和書中故事的瞭解和欣賞，幫助幼兒內化故事的結構（Jalongo, 1988）。我國《幼兒園教保活動課程暫行大綱》語文領域之課程目標即包括「以口語、肢體、圖像符號回應敘事文本」，其實施原則強調教師需經常和幼兒一起領受圖畫書中圖像的創意與變化、文字的美和故事帶來的各種感覺，讓閱讀和閱讀後表達感受與想法成為幼兒生活中的一種習慣（教育部，2013a，頁44、55）。

教師在師生互動過程中為幼兒朗讀圖書或引導幼兒回應圖書，可參照運用表4-6「分享的讀之師生互動架構」中分別列舉教師讀之前、讀之時、讀之後的引導方式，並瞭解幼兒可從活動中獲得的經驗

和學習的目標（Strickland & Riley-Ayers, 2007, p.40）。

表4-6　分享的讀之師生互動架構

教師引導	幼兒經驗	學習目標
讀之前		
＊問幼兒根據書名和封面，他們認為可能是什麼故事 ＊展現對於預期閱讀的高興和興趣	＊使用書名和封面的線索以及背景知識，預期可能是什麼故事	＊使用文本線索和背景知識，作推論和預測 ＊建立對於圖書和閱讀的積極態度
讀之時		
＊提供愉快的閱讀，展現對語言和故事情節的興趣和高興 ＊在文本可預測的部分稍作猶豫，讓幼兒填入可能的字句 ＊在一個故事的適當點，問幼兒接著可能發生什麼	＊觀察教師示範個人對於閱讀的興趣和熱誠 ＊觀察教師從文字引發的有意義語言 ＊為給予的一個跡象填入可能的字 ＊預測故事接著可能發生什麼	＊瞭解文字帶有意義 ＊使用語意和語法的線索決定什麼是有意義的 ＊使用故事情節預測可能的事件和結果
讀之後		
＊引導幼兒討論和聯結文本的基本概念 ＊邀請幼兒回憶重要或最喜歡的部分 ＊讓幼兒協助發現和重讀相同的文本	＊參與討論文本的重要概念 ＊回憶和描述特定的事件或文本部分	＊反思閱讀，個人關聯到文本的基本概念 ＊使用文字支持和確認討論

資料來源：摘引自Strickland & Riley-Ayers, 2007, p.40

　　幼兒對於圖書的回應有時是個人自發的，有時則需要成人的協助引導，例如前第三章第參節「支持讀寫的鷹架」中提及Wolf（1989）觀察研究發現她的女兒在遊戲時對於書中文本的回應，先會自發運用書中文字，在遊戲的對話中會借用和模擬故事書中的詞

句，接著Wolf即進一步鼓勵女兒扮演故事，擴展對故事的瞭解，並引導至內化圖書和故事概念的過程。在幼兒園裡，教師可參照幼兒個人先前的知識、當時的情緒、和圖書內容，引導幼兒以下列方式回應圖書（Burke, 1986, p.252; Jalongo, 1988, p.182）：

(一)沈默地回應

引導幼兒安靜地「感覺」一個故事，沒有說話。

(二)以動作回應

引導幼兒以身體動作自然愉悅地回應，例如擁抱書、觸摸插圖、比手劃腳等。

(三)以口語回應

引導幼兒敘說、發問、或討論自己對於書中故事的感覺和想法，或在談話中引用書中的字句；幼兒敘說、發問、或討論圖書的重點，可能著重在故事結構（如時間、地點、人物、主題、情節、結尾）、意義（如命名、敘述、解釋、預測、述說個人的經驗）、文字（如字音、字形、唸字）、或圖畫（如指著圖畫問「這是什麼？」「你看，大象的鼻子長長的！」）（Morrow, 1987）。

(四)在遊戲中回應

引導幼兒辨認書中故事的角色、主題、和用語，延伸在日常遊戲過程中展現出來；例如幼兒看過一本《好玩的蜘蛛》，隨即在遊戲時展現了書中用語：

你要不要和我去玩哪？

蜘蛛說：我不要啊！

你要不要和我去看螃蟹啊？

蜘蛛說：我不要！

然後，幼兒們到公園去玩。

有個幼兒說：「你看，有風，風吹在臉上。」

另一位幼兒說：「風會吹斷蜘蛛的絲。」

另一位幼兒則說：「希望風小一點，蜘蛛，你要不要和我們到公園玩啊？」

其他的幼兒說：「好啊！好啊！」

(五)在藝術活動中回應

引導幼兒透過唱歌、故事畫、美勞創作、戲劇扮演等藝術活動表現圖書的內容，如上述幼兒在遊戲中回應的例子之後，接著讓幼兒們唱一首有關的歌：「有一隻蜘蛛結網真辛苦。」

延續上一小節「好吃的水果」的主題實例，教師可透過全班或小組的活動延伸幼兒對於圖書和故事的各種回應方式，例如為幼兒朗讀過一本有關水果的書，接著引導幼兒討論書中內容；也可透過前述分享寫和讀的繪製網狀圖方式，選出代表書中主題的某個字詞，讓幼兒腦力激盪想出有關這個字詞的概念，由教師將這些概念寫在網狀圖中（見圖4-2：水果圖書的網狀圖）。繪製網狀圖呈現幼兒對圖書的回應，可協助幼兒辨認書中的重要問題、察覺和欣賞書中的因素和概念、並觀看到文字和概念如何互相聯結，此過程有助於幼兒對於字彙和故事的理解（Bromley, 1991）。

例如：「好吃的水果」主題中，朗讀和回應圖書的有關活動，可

包括：

1. 朗讀有關水果的書。
2. 討論和畫出水果圖書（如圓圓的水果）的概念網（見圖4-2：水果圖書的網狀圖）。
3. 運用水果布偶演出故事。
4. 集體畫一個大果園。
5. 以麵粉糰捏塑各式水果。
6. 教師提示水果的特徵、顏色、形狀等，讓幼兒玩猜謎遊戲。

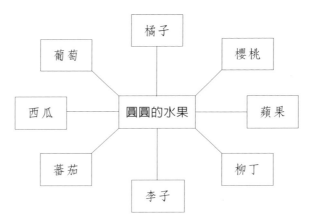

圖4-2　水果圖書的網狀圖

　　有關朗讀與回應的活動，除了朗讀與回應圖書中的故事，還可進一步延伸為引導幼兒朗誦書中押韻的、有節奏的兒歌或童詩，並發展各種有關聲韻覺識的回應活動，引導幼兒覺察辨認兒歌與童詩的音韻節奏（Strickland & Riley-Ayers, 2007, p.26）。在幼兒園的生活和活動過程中，教師可朗誦與當時情景相關的詩給幼兒聽，或讓幼兒一起跟著唸詩；將詩文寫在書面紙上，或用電腦打字列印出來，並配上詩文相關的圖畫，作成海報張貼於教室，在團體時間互相分享，引導

幼兒逐字逐句、指點著字句朗誦詩；也可引導幼兒戲劇性地演出一首詩，參照詩文的內容分配角色和扮演的人數，運用創造性的道具和動作，即興演出詩的情景（王雪貞，2004）。

例如：一位幼教老師帶領著幼兒朗誦林武憲創作的童詩「陽光」：

陽光在窗上爬著；
陽光在花上笑著；
陽光在溪上流著；
陽光在媽媽的眼裡亮著。

接著引導幼兒展開下列回應童詩的活動（引自：郭淑美，1996）：

1. 討論詩

老師發問如下幾個問題，引導幼兒發表自己的想法和感覺：

「什麼時候會有陽光呀？」
「如果每一天都沒有陽光會怎麼樣？」
「陽光為什麼在窗上爬著呢？」
「陽光怎麼會在媽媽的眼裡亮著呢？」

2. 蓋字章

準備童詩文字的印章，讓幼兒蓋字章（參見圖4-3），在蓋字章的過程中，幼兒談論並分析著詩中的字形，例如：

「陽光的『陽』有點兒像楊子毅的『楊』，但其實不是

『楊』。」

　「我在找『在』啦！」

　「老師！標點符號要用鉛筆寫，是不是？」

　「這個『在』很像右邊的『右』。」

　「老師！我想到一個主意了，就是把所有的『陽光』都先蓋好了，就不會麻煩！」

　「『媽媽』要蓋兩個字。」

　「我蓋錯了，把『光』蓋成『花』了。」

陽	陽	陽	陽	
光	光	光	光	
在	在	在	在	
媽	沒	花	窗	陽
媽	上	上	上	光
的	流	笑	爬	
眼	著	著	著	
裡	，	，	，	
亮				
著				

圖4-3　蓋字章

3. 自創小詩

老師引導幼兒一起討論改寫「陽光」這首童詩，並將幼兒發表的詩句寫在白板上：

陽光在地上照著；

陽光在草地上笑著；

陽光在海上流著；

陽光在小朋友的眼裡亮著。

4. 畫詩

老師和幼兒一起討論陽光，鼓勵幼兒畫出自己心中所想的陽光，並請幼兒說出畫的內容，老師幫忙代筆寫下來，例如寫：「水災來了，太陽讓花開心」（參見圖4-4：童詩畫）。

5. 隨興唸詩

幼兒在幼兒園的日常生活中，自發隨興地唸起陽光的詩，老師描述如下：

今天的天氣很好，孩子們準備到一樓用餐，當我們開門的那一剎那，迎接我們的是暖暖的陽光，這群可愛的孩子們不約而同的唸起「陽光」。

6. 自製陽光小書

老師將兩張小紙釘成一本小書，第一張寫著「我喜歡陽光」或「我不喜歡陽光」，第二張寫著「因為」（參見圖4-5：陽光小書），讓幼兒畫畫、塗寫、或請老師代筆寫自己喜歡或不喜歡陽光的原因，例如：小彤喜歡陽光，因為可以去游泳池玩水；漢農不喜歡陽光，因為太熱了、會中暑。

圖4-4 童詩畫

圖4-5 陽光小書

149

三、個別獨立的讀

　　個別獨立的讀是指幼兒在生活中閱讀環境中的文字，或在語文角、圖書角閱讀自己選擇的書，或在科學角、積木角、美勞角參閱自己需要的資料書或圖字卡。另外，有時也可帶幼兒到幼兒園的圖書室或社區圖書館看書，教師或圖書館員可先引導幼兒參觀圖書館的分布區域，再讓幼兒自由瀏覽和閱讀，瀏覽可能是尋找某一個特定作者或主題的書，也可能是隨意觀看圖書館展示的書；圖書館的書常是直立放置在書架上，因此只能看到書名和作者的名字，幼兒因看不到圖畫的封面而常不知如何選書，教師或圖書館員應為個別幼兒示範說明在書架上選取一本書的過程，包括查看書架、拉出一本書、看看圖、或看看文字，以這個程序翻看兩、三本書，再決定選哪一本書（Johnson, 1992）。

　　例如：「好吃的水果」主題中，個別獨立的讀之活動可包括：

(一)在圖書角閱讀有關水果的圖書。

(二)到社區圖書館尋找有關水果的圖書。

(三)參閱食譜製作水果沙拉。

(四)配對水果的圖卡和字卡。

(五)觀看水果的海報、標籤、和展示卡。

　　又例如：在「恐龍」的主題中，幼兒展現「個別獨立的讀」之自我選擇、閱讀行為、討論的焦點經驗如下（引自黃玉惠，1995）：

　　　　孩子觀看恐龍的圖書及圖片、模型，搭蓋布置恐龍的家。終於恐龍的家完成了，孩子們欣賞了一會兒，覺得還不夠，孩子們又回頭去語文區，翻閱圖書，試著找尋資料。

　　　　捏塑小組裡的幾位小男生，不斷的翻閱恐龍圖書，仔細

觀察許久。在動手捏塑的過程裡，孩子不停地對照圖書上的圖片，也一邊在修正造形。

　　待恐龍造形完成後，孩子繼續不斷的從恐龍圖書中印證，並做比照，於是將小恐龍放入恐龍屋裡，恐龍的家終於搭建完成。

四、個別獨立的寫

　　個別獨立的寫是指在遊戲角遊戲或自由活動時，讓幼兒隨時個別或與幾位友伴一起探索書寫材料，透過畫畫、塗寫、自創字形、寫字、或請老師代筆寫，表達自己的想法和情感，並且和老師或友伴討論自己塗寫的圖像和文字。在日常生活或遊戲活動中，幼兒常是為個人需要或社交目的而進行個別獨立的寫（Davies, 1988; Morrow, 2012; Sulzby, Teale, & Karribere1L, 1989），例如：

(一)在自己的所有物上寫名字：幼兒寫自己名字的功能，是在表達自己的所有權。

(二)為自己的作品命名：為自己搭建的積木作品、圖畫、美勞創作等，書寫其標題或名稱。

(三)在遊戲中寫字：因遊戲的需要和目的而寫字（參見本章第肆節所述讀寫的遊戲）。

(四)以書寫回應聽過或看過的書：如寫故事、寫作「我的書」。

(五)運用書寫與他人溝通：如寫一封信、寫通知單、寫卡片。

例如：在「好吃的水果」主題中，個別獨立的寫之活動可包括：

(一)繪製我最喜歡的水果小書。

(二)繪製常見水果的圖字卡。

(三)在日記本塗寫當天吃的水果。

(四)以卡片標示麵粉糰捏塑的水果名稱。

(五)繪製扮演角的水果店招牌、標籤、標價、和鈔票。

又例如：在「恐龍」的主題中，幼兒展現「個別獨立的寫」之畫圖、寫字、討論的焦點經驗（引自黃玉惠，1995）：

　　孩子邊與恐龍模型對話，邊與鄰旁的孩子進行互動，此時老師提示孩子說：「你們可以把剛才所說的話，畫在紙上，變成一本書呀！」孩子們同聲說：「那就像故事書了。」就此出現多種的恐龍故事書，如：恐龍機器孵蛋，有部機器要孵蛋，機器上有紅、黃按鈕，紅鈕表示會讓蛋破殼，黃鈕就會使蛋壞掉。

另一個例子是在「車子」的主題中，教師從旁引導幼兒展現「個別獨立的寫」的焦點經驗（引自：楊緩瓊、洪淑蘭，1996）：

　　當一個個停車位慢慢地貼好之際，伶邑發現了說：「車子停錯了位子，怎麼辦？」盈于馬上說：「可以貼號碼呀！」說完就去美勞角自己寫了「1 2 3 4 5 6 7 8 9 10」，然後剪下；伶邑則找到日曆紙，把上面的數字剪下。老師協助他們貼上。

　　起初，幼兒以一塊布當火車，只是很興奮地拉著火車來回在長型的地板上。

　　老師見狀便趨前問：「你們的火車開到哪裡呀？」沒人回答；

　　老師又繼續問：「是臺中還是高雄？」

　　又辛回答：「臺中。」

　　老師：「你們坐的火車是什麼號？]

　　琳群：「自強號。」

　　老師：「你們是坐幾點鐘的火車？」

　　辛凱：「8點鐘的。」

　　老師：「你們有沒有票？」

　　孩子們：「沒有。」

　　老師：「沒有票不能坐車唷！」

　　孩子聽了紛紛去美勞角做車票。

　　老師：「咦！哪裡是買票的地方？我都是在火車站買車票的。」

　　琳群指著身旁的木偶臺說：「這邊當火車站。」

　　老師：「別人怎麼知道這裡是火車站呢？」

　　孩子：「可以掛一個牌子，別人看了就知道呀！」

　　老師：「好辦法，那誰來做呢？」

　　伶邑、品宏和夢霖都去做了，伶邑找了一張紙請老師寫字。

　　老師：「要寫什麼呢？」

　　伶邑：「寫『火車站』呀！」

　　老師：「可是我去坐火車的站都有一個名字耶！像臺北火車站、彰化火車站呀。」

　　伶邑：「那叫嘟嘟火車站。」

　　夢霖：「不要不要啦，換別的。」

153

　　品宏：「那叫拉拉火車站，因為要用力拉嘛！」

　　於是老師幫忙寫上「拉拉火車站」的站名，幼兒並在上面畫上火車，然後老師協助黏在木偶臺上。

　　教師從旁引導幼兒個別獨立的寫，可參考運用本章第參節連結讀寫經驗之「個別的語言經驗」以及第肆節「讀寫的遊戲」中所述之引導方式。再者，幼兒個別獨立地探索書寫時，教師常會疑慮如果不及時糾正幼兒的寫字錯誤，讓其符合習俗慣用字形的正確寫法，幼兒將會停留在其自以為是或自己發明的錯誤寫法。然而參照本書第二章第伍節闡述之寫的萌發展現過程，幼兒需要有機會透過主動的參與和試驗去建構書面語言，例如：

　　四歲的薪愷在玩寫信的遊戲，老師請薪愷在紙上寫自己的名字，薪愷一筆一劃地寫著，雖然筆劃的順序和字形的方位不完全符合習俗慣用的寫法，薪愷說：「你看，這是我的名字耶！」；老師再請薪愷寫家裡的地址，薪愷拿起筆，在紙上畫了一筆，接著說：「這就是我家的地址，瑞安街55號5樓。」

　　如同這個例子所顯示的，幼兒常依當時情況的需要畫圖和寫字，而並不在意自己寫的字形是否正確，顯示幼兒知道寫字的功能主要是在傳達特定的訊息，他可能一筆一劃地寫某個字，也可能隨意畫些圖像以代表某些字。

　　因此，幼兒進行個別獨立的寫之時，教師宜接納幼兒使用的書寫形式，多鼓勵幼兒作書寫的探索，例如說：「就用你自己的方式寫」、「寫你知道的字」、「寫一個故事」、「寫一封信給你的媽

媽」、「寫你想要寫的任何事情」，藉以表示認可幼兒是一位書寫者；然後不論幼兒寫什麼形式或自己發明字形，都請幼兒唸出他所寫的，對幼兒說：「可不可以把你寫的唸給我們聽」，有時幼兒會堅持由老師讀出他所寫的，此時老師可回答：「我知道你已經寫字了，但是我不知道怎樣讀它，請你為我讀出來。」藉此顯示寫字的意義是要被讀出來，並認可他所寫的傳達著某種意義，這種基本的瞭解和態度是支持幼兒成為一位書寫者的基礎（Ollila, 1992; Sulzby, 1988）。幼兒經由個別有目的的書寫探索過程，可逐漸發現寫出習俗慣用字形的需要，書寫意指能被讀出來，當幼兒關切他人是否能讀出自己所寫的，並注意到需要寫出習俗慣用的標準字形，讓別人能看得懂和讀出自己所寫的字之時，教師即可引導幼兒注意習俗慣用的文字形式，進而學習展現習俗慣用的寫字形式

柒　讀寫的主題活動

　　本節參照上述支持幼兒讀寫萌發的活動架構，摘引筆者曾指導幼教老師分別以不同主題發展的讀寫活動，透過這些教學實例或觀察紀錄，具體說明分享的寫和讀、圖書的朗讀和回應、個別獨立的寫、以及個別獨立的讀，如何整合成以主題發展的幼兒讀寫經驗。

一、分享的寫和讀

(一)「巧巧手」主題

1. 唸兒歌「家裡的幫手」（寫成兒歌圖表）。
2. 展示與手相關的圖字卡。
3. 表列出洗手的步驟。

4. 列出製作皮影戲的圖表。

5. 繪製展示「銅鑼燒」的食譜（參見圖4-6：「銅鑼燒」食譜）。

圖4-6　　「銅鑼燒」食譜

(二)「動物樂園」單元

參觀動物園之後，請幼兒發表和票選「我最愛的動物」（參見圖4-7：「我最愛的動物」選票），例如：

　　玉芳：「我最喜歡貓咪，牠的叫聲很好聽。」

　　章浩：「大象有長長的鼻子，力氣很大，可以搬很重的
　　　　　東西。」

　　宇林：「我喜歡長頸鹿，牠長得很高，可以看到很遠的
　　　　　地方，所以我選長頸鹿。」

圖4-7　「我最愛的動物」選票

　　最後全班一起計算選票的結果，長頸鹿獲得最高票，當選幼兒最喜愛的動物。

二、圖書的朗讀和回應

「巧巧手」主題：

(一)朗讀與手有關的圖書，認識作者與插畫者。

(二)說故事「傑克與魔豆」，皮影戲表演。

(三)教師爲幼兒朗讀文字接龍的故事書《老鼠偷吃我的糖》以及

157

無字圖畫書《好朋友一起走》之後，師生進行討論，例如：

老師：「這兩本書有什麼不同？」

宇洋：「一本有字，另一本沒有字。」

老師：「爲什麼書沒有字呢？」

肇玉：「圖畫很大，所以不用寫字」

沛君：「書太小了，不用寫字。」

伯恩：「因爲畫家不想寫字，只想讓我們看圖就能說出
　　　故事。」

(四)幼兒聽過《老鼠偷吃我的糖》（有關文字接龍的故事書）之
　　後，一起進行故事接龍遊戲，當時正舉辦過幼兒慶生會，於
　　是產生有關「過生日」的接龍故事，例如：

伯恩：「早上起來，媽媽帶著小華去超級市場買東西，
　　　因爲今天是他的生日。」

愷暉：「媽媽帶小華去看生日蛋糕，問小華你要買大的
　　　還是小的？小華說買中的好了。」

韋民：「小華想到晚上要過生日，想請他的好朋友一起
　　　來參加，就打電話給小美。」

怡如：「鈴！小美嗎？我是小華，今天是我的生日，請
　　　妳到我家來慶祝生日好嗎？」「好啊！小華，祝
　　　你生日快樂。」「謝謝！」

三、個別獨立的讀

「巧巧手」主題：

(一)在圖書區閱讀與手有關的圖書和圖卡（如：「手和手指頭」、「影子遊戲」等）。

(二)在烹飪區參照銅鑼燒食譜（見圖4-6）製作銅鑼燒，幼兒會唸出食譜上的材料；並請愛心媽媽來園示範銅鑼燒的製作過程，每位幼兒都實際參與製作了一份銅鑼燒。

(三)老師發了一張運動會的通知單，幼兒唸讀和討論著通知單上的字：

　　于竹：「緊急通知，本校原訂於10月9日星期六之體育運動發表會。」

　　貫中：「李于竹，你看老師用紅筆畫起來的字『8:10』是不是8點10分以前？」

　　雅亭：「下面還有『全套』也畫起來了。」

　　于竹：「那是要特別告訴你早上8點10分以前要到學校，而且要穿全套的冬季運動服。」

　　貫中：「哦！我知道了。」

(四)幼兒中午吃完飯，要拿藥罐吃藥，幼兒唸讀著藥罐上的字：

　　輔光：「闕嘉德，一日四次，一次一匙。」

　　嘉德：「那你的呢？」

　　輔光：「我的是一日三次，一次一匙。」

四、個別獨立的寫

(一)「巧巧手」主題

塗寫有關手的故事。

(二)「科技立大功」主題

1. 幼兒參觀小學的電腦教室，實際操作電腦玩益智遊戲之後，一位幼兒用色紙自製了一本小書，描繪自己操作電腦的過程，並畫出自己的志願是科學家。

2. 幼兒發現彼此住家距離很近，兩人在美勞區拿紙筆寫下互相聯絡的家裡電話號碼：

    伯凱：「鄭維文，你家電話幾號？」
    維文：「79834522，等一下，那你家的呢？」
    伯凱：「嗯，79673144。」
    維文：「好！我跟你說，今天我回家打電話給你，再一
    　　　　起到公園玩。」

3. 老師將進行家庭訪問，一位幼兒在美勞區畫了一張由幼兒園出發至家中的路線圖（見圖4-8：我家的地圖）給老師，以方便老師能順利走到她家。

    盈仔：「老師，這是走到我家的地圖。」
    老師：「這要怎麼走呢？」
    盈仔：「妳從學校門口一直走，過了紅綠燈左轉，會看
    　　　　到租車的牌子，那就是我家了，旁邊還有一家柯

尼卡沖洗店，爸爸都去那裡洗照片，我會在家等
妳來。」

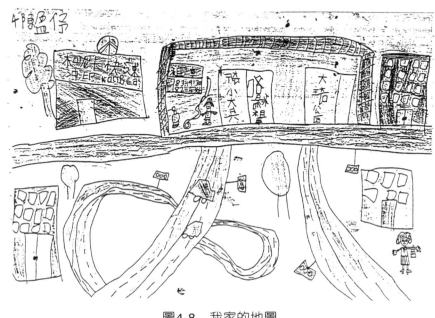

圖4-8 我家的地圖

(三)「小小商店」主題

師生共同計畫開設五個商店區，包括：薯條屋、美容院、水果
店、點心舖、保齡球館：

1. 薯條屋

幼兒當薯條屋的服務員，拿著紙筆記錄客人的點餐。

成希：「先生，請問你要點些什麼？」
旭文：「我要一杯果汁，還要一份薯條。」

161

成希：「好的，一杯果汁，一份薯條。」

成希在點餐單上塗寫著紀錄。

2. 水果店

老師設計了一張學習區活動表，表格分為二欄，第一欄為計畫欄，讓幼兒先自行繪製欲進行活動的內容，以培養幼兒的策劃與思考能力，計畫欄下方由老師觀察記錄幼兒活動的情形，第二欄則為幼兒活動紀錄，例如幼兒玩買賣水果的扮演遊戲（見圖4-9：秤水果重量的紀錄）：

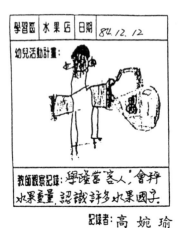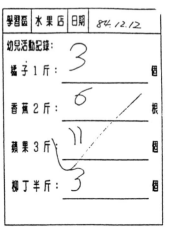

圖4-9　秤水果重量的紀錄

老闆：「來呀！來呀！賣水果哦！」

顧客：「老闆，我要買2斤香蕉。」

老闆：「好的，我放香蕉在秤上，秤到2斤時，你就告訴我不要放了。」

顧客：「好了、好了，夠了、夠了，等一下，我數數看

　　有幾根香蕉，1、2、3、4、5、6根，我把它寫
在紙上。」

3. 保齡球館

　　保齡球賽一共有四位小朋友參加，一位幼兒充當保齡球館的計分
員，將四位球員的名牌貼於計分板上，並將四位球員所打的分數分別
記錄於計分板上，四局球賽結束後再計算總分，看看誰是最高分的保
齡球王。

　　如以上呈現的讀寫活動實例，所謂讀寫萌發課程並不是另加一套
特定的語文活動，而主要是運用讀寫萌發的課程觀點，將支持幼兒
讀寫萌發的方式融入一般的課程發展和活動型態中，形成統整幼兒讀
寫經驗的主題情境。如是參考市面出版的幼教教材或活動設計資料
時，亦可運用讀寫萌發的課程觀點，在原來的各種活動過程中，酌情
延伸和增加支持幼兒讀寫萌發的方式，例如早期出版的《幼兒學習活
動設計參考資料》中的「環保小尖兵」單元（臺灣省政府教育廳編，
1991，頁45-59）為例，其中所列的團體活動或小組活動即可延伸增
加分享的寫和讀以及朗讀和反應的經驗，學習角的活動則可增加融入
獨立的寫和讀的經驗，例如：

一、分享的寫和讀

　　(一)發表與討論我們喜歡怎樣的環境，列表寫出環境的特點。

　　(二)唸兒歌「蝸牛」、「眼耳口鼻」，寫成海報。

　　(三)參觀與討論附近鬧區街道、被污染的溝渠或河川，列表寫出
　　　　所見所聞。

　　(四)討論與發表怎樣才不會吵到別人，列表寫出其方法。

163

二、圖書的朗讀和回應

(一)說故事「小雨點旅行記」。

(二)用布偶表演故事。

(三)歌劇演出「小雨點旅行記」。

三、個別獨立的讀

(一)觀看學習角的各種物品名稱標籤。

(二)在益智角觀察地球儀、臺灣地圖,找出我們生活的地方、地名。

(三)在工作角畫一幅美麗的風景畫,口述風景的標題或內容,請老師代筆寫下。

(四)在語文角閱讀環保有關圖書、圖片。

四、個別獨立的寫

(一)在沙箱角設計一個理想的環境,用卡片標示環境中的各個景物。

(二)在積木角搭建美麗的建築物,用卡片標示建築物名稱。

(三)在工作角製作面具,標示角色的名稱。

又例如:同樣具有環境保護意義的主題「與臺灣欒樹的約會」教學實錄(引自:陳宜君、林秀玲、廖佩玲、辰君妍,2013),顯示教師們潛在即具有讀寫萌發的觀點,能讓幼兒在各種主題情境中融入讀寫萌發的意義或技巧,例如:

一、分享的寫和讀

(一)幼兒尋找和觀察過校園內和附近社區的欒樹之後，老師協助幼兒統整對欒樹葉子的認識，將幼兒討論發表的臺灣欒樹葉子形狀（如：像水滴尖尖的、邊邊刺刺的）、葉子排隊的地方（如：葉子會兩個排在一起、葉柄是一前一後）等特徵，以文字和圖像寫成海報，讓幼兒閱讀參考。

(二)幼兒到戶外遊戲場分組觀察比較欒樹媽媽和小樹苗之後，老師將幼兒討論發表「比一比欒樹媽媽和baby哪裡一樣」（如：大葉子會從下面分出2片小葉子、baby樹剛長出來的葉子紅紅的，長大就綠綠的），以圖文並列的記錄方式寫成海報，讓幼兒隨時能閱讀參考。

二、圖書的朗讀和回應

(一)幼兒聽過《如果樹會說話》的繪本故事，討論分享樹與人之間蘊含的深厚情感（如：老師提問：「你想跟欒樹說什麼？想跟它玩什麼遊戲呢？」幼兒說：「我想和欒樹抱抱」、「我想在欒樹下面野餐」）。

(二)幼兒拼貼自己和臺灣欒樹一起遊戲的情景：老師帶幼兒來到欒樹下吃午餐；戶外教學時，幼兒到公園和欒樹玩遊戲，繞著欒樹跑三圈，抱著欒樹大喊：「我愛你」，接著撿拾欒樹掉下的蒴果，在地面上排成愛心送給欒樹。

三、個別獨立的讀

(一)在語文區，讀欒樹形容詞的字卡（如：粗粗的、硬硬的、滑滑的、刺刺的），尋找配對有一樣觸感的物品圖卡；唸讀字

165

卡上的欒樹形容詞，連接成為更完整的句子（如：「臺灣欒樹的葉子看起來刺刺的又尖尖的」）。

(二)在益智區，玩植物屬性分類遊戲，認讀分類卡上標示的不同屬性文字（如：圓圓的、長長的；粗粗的、滑滑的；綠綠的、黃黃的），分別放置該屬性的葉子或樹枝等。

四、個別獨立的寫

(一)在語文區，利用欒樹的樹枝和葉子玩拼字遊戲。

(二)在科學區，描繪欒樹的果實（蒴果）的外觀，並用圖畫記錄種子寶寶的房間；使用放大鏡觀察較細微的肌理紋路，再進行圖像的紀錄。

　　最後，為完整呈現以一個主題統整發展的讀寫活動架構，以下列舉筆者指導一位幼教老師發展「我」的主題活動，主題的教學目標是認識自己的身體、情緒、和獨特性，並學習接納自己；經由筆者稍加以修訂，綜合呈現「我」的主題統整發展「分享的寫和讀」、「圖書的朗讀和回應」、「個別獨立的讀」、和「個別獨立的寫」之讀寫經驗的各種活動。

一、分享的寫和讀

(一)幼兒介紹自己的生日，老師將生日列寫成表，幼兒彼此觀看及討論表上顯示哪些小朋友是同一個月出生、哪些小朋友是春天或秋天出生、哪些小朋友是月初或月底出生。

(二)將歌曲「用我的身體跳一跳」的歌詞寫於海報上，並註明節奏，幼兒看著海報上的字句和節奏符號唱歌、打節奏。

(三)唸讀兒歌海報「自己的朋友」：園裡的小朋友，有人愛小狗、有人養蝌蚪、有人種綠豆，每個人都有自己的朋友；幼兒熟悉兒歌之後，引導幼兒改換創作歌詞，例如將原來歌詞中的「有人」改成班上小朋友的名字。

(四)拜訪小朋友的家之前，討論做小客人該注意的事項，老師將注意事項寫在大張紙上，回來後再對照檢討有沒有做到這些事項。

(五)討論「當別人對我……，我會怎麼做？」檢討解決同儕間糾紛的方法，老師將幼兒提出的解決方法寫出來，讓幼兒討論哪些是適宜的方法。

(六)玩團體的「傳話遊戲」，老師將要傳的話寫在一張紙上，先逐字唸給第一位小朋友聽；傳話結束後，再展示這張寫著傳話的紙，逐字唸給所有幼兒聽，讓幼兒彼此比較看看傳的話對不對。

(七)討論什麼事情讓「我覺得……」，引導幼兒表達自己覺得最高興、害怕、生氣、悲傷的事，老師將之畫成情緒的網狀圖（參見圖4-10）。

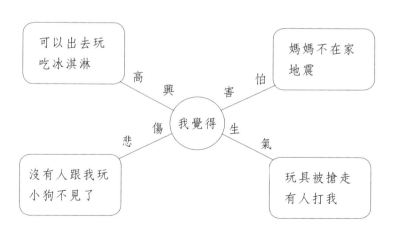

圖4-10　情緒的網狀圖

167

二、圖書的朗讀和回應

(一)唸讀《手和手指頭》的書給幼兒聽，接著讓幼兒蓋指印、做指印畫。

(二)讀《我能做什麼》給幼兒聽後，請幼兒發表自己能做什麼，雖然小朋友年紀小，但有許多事都是小朋友自己可以做的，老師將幼兒發表「我能做什麼」的話寫下來，再唸給幼兒聽。

(三)幼兒聽過《眼睛的故事》的書後，一起玩遊戲，小朋友矇上眼罩，由另一位小朋友在旁以口頭指引走障礙路，讓幼兒從中體會眼睛的重要。

(四)讀《小巫婆的大腳丫》給幼兒聽，接著讓幼兒也來學小巫婆用畫圖的方法寫信給好朋友。

(五)讀完《血的故事》之後，讓幼兒觀看錄影帶「人體大奇航：血液」的單元。

三、個別獨立的讀

(一)隨時觀看和唸讀團體分享過後展示在教室的圖表、圖像和文字。

(二)在圖書角閱讀有關我的身體、我的情緒、自我獨特性的圖書，或彼此欣賞自製的小書。

(三)在語文角配對身體器官或各種情緒的圖卡和字卡。

(四)在工作角參閱紙偶的製作程序圖，自行製作和設計紙偶。

(五)剪貼報章雜誌上「我認得的字」，貼在空白卡片上作成字卡，試著將字卡排列出一個句子。

四、個別獨立的寫

(一)畫一張大幅的全身自畫像，自己塗寫或請老師代寫自己的
　　形體或衣著特色（如：長長的頭髮、小小的嘴、穿紅色的襪
　　子）。

(二)拜訪小朋友的家之後，繪製一張感謝卡，自己塗寫或請老師
　　代寫感謝的話，送給小主人和其家長。

(三)自製一本「我最喜歡的……」小書，在每頁繪畫、塗寫、或
　　請老師代寫自己最喜歡的人、朋友、顏色、動物、玩具、食
　　物等。

(四)延伸圖4-10之情緒網狀圖的團體分享經驗，自製一本「我覺
　　得……」的情緒小書。

　　幼兒經由參與以上列舉之讀寫的主題活動，即可能在活動中萌發
展現第三章第肆節列舉之讀寫萌發的內涵項目，教師可在活動過程中
持續進行個別化的非正式評量（informal assessment），以開放和不
干擾的方式，直接觀察個別幼兒呈現在活動過程中的讀寫行為，或適
時蒐集幼兒於活動中產生的讀寫作品樣本，藉以獲得個別幼兒有關讀
寫知識、技巧、和態度的更可靠資料（Nurss, 1992; Teale, 1990）。
以上述「我」的主題之讀寫活動為例，教師可觀察幼兒和同儕在圖書
角翻閱或討論圖書時，表現的閱讀態度和對於圖書的概念；聆聽幼兒
對於《我能做什麼》這本書的回應，由幼兒發表的想法瞭解幼兒對於
故事的理解；蒐集幼兒自製「我最喜歡的……」小書，由小書上畫的
圖像或自創字形瞭解幼兒的書寫知能。將幼兒園日常有關讀寫的教
學、引導、評量、與瞭解，整合成為師生之間持續的互動對話，將有
助於支持每位幼兒讀寫能力的持續萌發和進展。

結語：書的展現

CHAPTER 5

　　本書參照有關幼兒讀寫發展的讀寫萌發概念，闡述幼兒讀寫課程的觀點取向和實施方式。綜合以上章節所論，最後摘述幼兒園讀寫萌發課程發展的重點，展現支持幼兒讀寫萌發與進展的整體課程圖像，作為本書之總結。

一、幼兒讀寫萌發的意義

　　幼兒的讀寫發展蘊含於人類語言的整體發展系統，語言是人類用來溝通的符號，包括聲音符號和代表聲音的視覺符號；聲音符號涉及聽和說的口說語言，視覺符號涉及讀和寫的書面語言，讀和寫的視覺符號可包括字面的和圖像視覺的符號。

(一)讀寫萌發的概念

　　幼兒學習讀寫是在生活中持續萌發進展的過程，萌發一詞意味某些事物正在發展形成，幼兒在日常生活中持續地假設、驗證、發明、和建構有關讀寫的知識而逐漸萌發展現讀寫能力，稱為「讀寫萌發」。讀寫萌發的概念著重於從幼兒的觀點、而非成人的想法瞭解幼兒的讀寫發展，其主要概念包括：幼兒在生活中即開始學習讀寫、幼兒在入學之前已有讀寫經驗、幼兒學習讀寫是一種社會歷程、幼兒是學習讀寫的主動者、以及閱讀和書寫是相互關聯發展。我國幼兒園二至六歲幼兒的讀寫萌發進展，可分為萌發階段、早期階段、流暢階段，幼兒的讀寫萌發是持續發展延伸的過程，可廣義包含幼兒學習和發展成為一個流暢的閱讀者和書寫者的整個過程。

(二)讀和寫的萌發進展

　　讀的萌發進展是獲得資訊和傳達資訊的過程，幼兒以他們自己的

方式探索圖像和文字，幼兒閱讀圖書的發展是先觀看圖像，然後看圖說出完整的故事，接著才試著看文字，並且隨著幼兒年齡的增長，其閱讀行為的發展亦漸趨成熟。寫的萌發進展有其象徵意義，幼兒寫的萌發由手勢、畫圖、再轉換為書寫文字，幼兒的書寫探索涉及符號、訊息、空間、以及頁面和書本的概念。幼兒學習閱讀和書寫的方式，都是透過嘗試和試驗的過程。

二、支持幼兒讀寫萌發的課程觀點

(一)讀寫課程的觀點取向

幼兒讀寫課程的理念觀點取向可分成以讀寫的技巧為本、以讀寫的意義為本、以及融合讀寫的意義和技巧的取向；讀寫技巧的取向延襲閱讀準備度的概念，強調練習一系列特定的讀寫技巧，讀寫意義的取向強調讀寫對於幼兒的真實意義和功能，讀寫的意義與技巧的融合取向則主張讓每位幼兒以適性合宜的方式獲得讀寫的意義和技巧。讀寫萌發的觀點原著重於讀寫的意義，但並不是反技巧的，而是將技巧視為整體的讀寫發展之交互聯繫部分，幼兒在發展和學習讀寫的過程中，隨之獲得技巧。

(二)支持讀寫的情境

讀寫的進行是閱讀者或書寫者個人的先備知識和經驗、文本的類型和特徵、以及書寫產生的社會文化情境的互動過程，幼兒早期讀寫能力的發展來自於與周遭生活情境之互動，包括物理的、社會的、心智的、和歷史文化的情境，物理情境提供幼兒探索讀寫的機會，社會和歷史文化情境提供幼兒運用讀寫與他人互動的想法和價值觀，心智情境是幼兒建構讀寫知識的表徵系統。

(三)支持讀寫的鷹架

支持與引導幼兒讀寫學習和發展的過程，可參照幼兒最近發展區的能力，透過其父母、教師、或能力較高的同儕參與和支持，搭建起有助於幼兒建構更高層次讀寫能力的鷹架。成人以鷹架支持協助幼兒的讀寫發展，須考量的因素包括瞭解幼兒的先備經驗、處理讀寫的互動處理過程、以及評估幼兒讀寫的結果；成人需扮演的角色包括示範讀寫的使用、提供幼兒有目的之讀寫、期待幼兒成為一位讀寫者、以及回應幼兒的讀寫；成人支持幼兒的方式，則包括兒童中心取向的發現學習、兼具成人與兒童取向的引導學習、或是成人取向的直接指導。

(四)讀寫萌發的內涵

幼兒讀寫萌發的內容項目包括：閱讀的態度、圖書的概念、理解書中文本（故事理解）、圖像和文字的概念、以及書寫的知能。教師可分別參考讀寫萌發的內容項目轉化為課程實施的教學目標，或轉化為教學評量之參照項目，於幼兒園日常生活或教學活動中據以觀察記錄和瞭解幼兒的讀寫發展與學習。

三、支持幼兒讀寫萌發的課程實施

支持幼兒讀寫萌發的課程實施方式包括：提供讀寫資源、善加運用圖書、連結幼兒讀寫的經驗、讓幼兒進行讀寫的遊戲、以及透過主題情境統整幼兒的讀寫經驗。

(一)讀寫資源和圖書運用

在幼兒園的學習活動和日常生活中支持幼兒讀寫萌發的方式，首

先需提供幼兒豐富的讀寫資源，包括幼兒園環境中的文字、學習區或遊戲角的讀寫材料、以及與讀寫最直接有關之圖書角和書寫角；教師還需注意選擇和運用圖書資源，經常唸書給幼兒聽，善加運用圖書支持幼兒多方面的語文發展。

(二)連結讀寫的經驗

為支持幼兒連結其口說語言、書面語言、和實際經驗，教師可採用語言經驗取向的教學過程，包括：幼兒自己的一個經驗、幼兒敘說經驗、教師將幼兒所說的寫成文字、以及唸讀出所寫的文字；團體的語言經驗可透過班級的團體活動或分組活動進行，個別的語言經驗可透過學習區或遊戲角的角落活動、個別活動、自由活動、或日常生活中進行。

(三)讀寫的遊戲

幼兒常會將其讀寫概念與行為融入於遊戲過程，例如幼兒在扮演遊戲過程中會產生有關讀和寫的對話；教師於幼兒遊戲過程中支持幼兒讀寫的方式，因遊戲與讀寫的關係而有所不同，例如在戲劇扮演遊戲過程中，教師介入的可能情形包括：教師計畫或引發讀寫為焦點的遊戲、教師添加讀寫活動或材料的遊戲、教師隨機回應幼兒偶發讀寫的遊戲、以及幼兒自發運用讀寫的戲劇遊戲；在幼兒遊戲過程中，教師可持續轉換擔任旁觀者、遊戲者、和領導者三種角色的位置、參與方式、和使用的語言。

(四)統整讀寫的主題活動

統整幼兒讀寫經驗的主題情境，需要提供幼兒有關讀寫的物理材料，並且讓幼兒透過與教師和同儕互動、共同參與讀寫的社會文化經

驗，從中發現自己作為一個閱讀者和書寫者的認知機能。

　　支持幼兒讀寫萌發的主題活動架構，可分為在團體活動或小組活動中進行「分享的寫和讀」以及「圖書的朗讀和回應」，由教師帶領和引導全班或小組幼兒共同參與分享讀寫和回應圖書，以及主要在遊戲角學習區遊戲或自由活動中進行「個別獨立的寫」和「個別獨立的讀」，讓個別幼兒或幼兒自行組成的小組進行個別獨立的閱讀和書寫。

　　綜合本書所論，幼兒園教保人員自身對於幼兒讀寫發展的概念和課程觀點，是決定讀寫萌發課程實施的重要因素和主要動力，最後建議幼兒教保人員之職前培育或在職進修課程，能加強有關幼兒讀寫發展的學理概念和實作經驗，以培育能自行研發幼兒園讀寫萌發課程的專業教保人員。

參 考 文 獻

一、中文部分

王雪貞（2004）。「媽媽！你心情不好啊，我送你一首詩，給你高興！」：記一段幼兒園內親、師、生共享的童詩與童思。載於臺北市政府教育局（主編），**臺北市第五屆教育專業創新與行動研究成果集**（頁69-86）。臺北市：臺北市政府教育局。

王嘉珮（2011）。**早期讀寫發展困難檢核表之編製**（未出版之碩士論文）。國立臺北教育大學。臺北市。

吳敏而（1994）。文字書本概念與閱讀能力的關係。**國民小學國語教材教法研究**，3，47-59。

吳敏而（1996）。語言的發展。載於蘇建文等：**發展心理學**（頁219-264）。臺北市：心理。

宋慶珍（2005）。**幼兒書寫萌發之個案研究**（未出版之碩士論文）。國立臺北教育大學。臺北市。

李連珠（1992）。**臺灣幼兒之書寫發展初探**。八十學年度師範學院教育學術論文發表會論文，臺中市。

李連珠（1995）。臺灣幼兒之讀寫概念發展。**幼教天地**，11，37-68。

佳美、新佳美幼兒園教師家長（1995）。**與孩子共舞：佳美幼兒園主題教學的實踐歷程**。新北市：光佑文化。

幸曼玲（1995）。從情境認知看幼兒教育。**幼教天地**，11，13-36。

林文莉（2009）。**母親陪伴幼兒書寫萌發之個案研究**（未出版之碩士論文）。國立臺北教育大學。臺北市。

林文韵（2003）。兒童語言發展─糖糖和甜甜的故事。**國教學報**，15，89-130。

林庭玉（1999）。南臺灣幼兒與西方幼兒在書寫發展階段性之比較探討。**正修學報**，12，397-414。

林瑞清、賴素靜（1996）。自己開冰店——冰果店主題的方案教學。新幼教，9，6-64。

張湘君（1993）。讀者反應理論及其對兒童文學教育的啓示。東師語文學刊，6，285-307。

教育部（2013a）。幼兒園教保活動課程暫行大綱。臺北市：作者。

教育部（2013b）。學前教保法令選輯。臺北市：作者。

郭淑美（1996）。一首童詩在幼兒園開展。國民教育，36，3，20-25。

陳宜君、林秀玲、廖佩玲、辰君妍（2013）。與臺灣欒樹的約會。四季兒童教育，39，27-47。

麥玉芬（2012）。臺北地區讀寫發展困難幼兒的聲韻覺識表現之研究（未出版之碩士論文）。國立臺北教育大學。臺北市。

彭信禎（2006）。戰鬥機男孩與手拿繪本的女孩—在角落情境下幼兒讀寫發展之個案研究（未出版之碩士論文）。臺北市立教育大學。臺北市。

曾世杰（2009）。聲韻覺識、唸名速度與中文閱讀障礙。臺北市：心理。

曾世杰、簡淑眞（2006）。全語法爭議的文獻回顧：兼論其對弱勢學生之影響。臺東大學教育學報，17(2)，1-31。

黃玉惠（1995）。慈心幼兒園的風格——「方案」的經營。國教月刊，42，1、2，16-30。

黃政傑（1985）。課程改革。臺北市：漢文。

黃政傑（1991）。課程設計。臺北市：東華。

黃意舒、莊貞銀、盧美貴（1995）。幼兒精細肌肉活動與握筆姿勢之研究。行政院國家科學委員會專案研究成果報告。臺北市：行政院國家科學委員會。

黃瑞琴（1995）。情境教學：由塗鴉到寫字。新幼教，3，66-68。

黃瑞琴（2011）。幼兒園遊戲課程。臺北市：心理。

楊怡婷（1995）。幼兒閱讀行爲發展之研究（未出版之碩士論文）。國立臺灣師範大學。臺北市。

楊緩瓊、洪淑蘭（1996）。我們一起走過「車子」的歷程。幼兒園與家庭，31，31-40。

臺北市立師範學院（1994）。**當前幼兒園教育問題及意見之調查研究**。臺北市：國立教育資料館。

臺灣省政府教育廳編（1991）。幼兒學習活動設計參考資料（小班下學期）。臺灣省政府教育廳。

謝秀珠（1996）。起死回生的「醫院」主題發展歷程。幼兒園與家庭，31，15-23。

簡淑眞（2012）。**弱勢幼兒早期閱讀介入**。新北市：光佑文化。

簡楚瑛、廖鳳瑞、林佩蓉、林麗卿（1995）。**當前幼兒教育問題與因應之道**。臺北市：行政院教育改革諮詢委員會。

二、英文部分

Anderson, J., Moffatt, L., McTavish, M., & Shapiro, J. (2013). Rethinking language education in early childhood. In O. N. Saracho & B. Spodek (Eds.), *Handbook of research on the education of young children* (pp. 117-134). New York, NY: Routledge.

Baghban, M. (1984). *Our daughter learns to read and write*. Newark, DE: International Reading Association.

Bissex, G. L. (1980). *Gyns at wrk: A child learns to read and write*. Cambridge, MA: Harvard University Press.

Blazer, B (1986). "I want to talk to you about writing" : 5-year-old children speak. In B. B. Schieffelin & P. Gilmore (Eds), *The acquisition of literacy: Ethnographic perspectives* (pp. 75-109). Norwood, NJ: Ablex.

Bromley, K. D. (1991). *Webbing with literature: Creating story maps with children's books*. Needham Heights, MA: Allyn and Bacon.

Burke, E. M. (1986). *Early Childhood Literature: For love of child and book*. Newton. Needham Heights, MA: Allyn and Bacon.

Burmark, L. (2002). Visual literacy: Learn to see, see to learn. Alexandria, VA: Association for Supervision and Curriculum Development.

Burmark, L. (2008). Visual literacy: What you get is what you see. In N. Frey, & D.Fisher (Eds.), Teaching visual literacy (pp. 5-25). Thousand Oaks, CA: Sage.

Burns, M.S, Griffin, P., & Snow, C.E. (Eds.). (1999). *Starting out right: A guide to promoting children's reading success.* Washington, DC: National Academy Press.

Ceci, S. U. (1993). Contextual trends in intellectual development. *Developmental Review, 13*, 403-435.

Chittenden, E., & Courtney, R. (1989). Assessment of young children's reading: Documentation as an alternative to testng. In D. S. Strickland, & L. M. Morro (Eds.), *Emerging literacy: Young Children learn to read and write* (pp. 107-120). Newark, DE: International Reading Association.

Chomsky, C. (1972). Stages in language development and reading exposure. *Harvard Educational Review, 42*, 1-33.

Christie, J. F. , Enz, B. J., Vukelich, C., & Roskos, K. A. (2014). *Teaching language and literacy: Preschool through the elementary grades.* Boston, MA: Allyn and Bacon.

Clay, M. M. (1966). *Emergent reading behavior.* Unpublished dissertation. University of Auckland, New Zealand.

Clay, M. M. (1976). *What did I write? Beginning writing behavior.* Portsmouth, NH: Heinemann.

Cochrane, O., Cochrane, D., Scalena, S., & Buchanan, E. (1984). *Reading, writing and caring.* New York: Richard C. Owen Publishers.

Cullinan, B. E. (1989). Literature for young children. In D. Strickland, & L. Morrow (Eds.), *Emerging literacy: Young children learn to read and write* (pp.35-51). Newark, DE: International Reading Association.

Davidson, J. (1996). *Emergent literacy and dramatic play in early education*. Albany, NY: Delmar.

Davidson, M. R., & Moore, P. F. (2007). Assessing professionals' knowledge and skills. In K. L. Pence (Ed), *Assessment in emergent literacy: A volume in the emergent and early literacy series* (pp.53-79). Oxford: Plural .

Davies, A. (1988). *Children learning to write their own names: Exploring a literacy event in playschool.* Unpublished doctoral dissertation, University of Victoria, Victoria, British Columbia.

Dickinson, D. K., & Tabors, P. O. (2001). Beginning literacy with language. Baltimore: Brookes.

Dyson, A. H. & Genishi, C. (1993). Visions of children as language users: Language and language education in early childhood. In B. Spodek. (Ed.), *Handbook of research on the education of young children* (pp. 122-136). New York: Macmillan.

Dyson, A. H. (1983). The role of oral language in early writing processes. *Research in the Teaching of English, 17,* 1-30.

Dyson, A. H. (1985). Three emergent writers and the school curriculum: copying and other myths. *The Elementary School Journal, 85* (4), 497-512.

Dyson, A.H.(1993).From prop to mediator: The changing role of written language in children's symbolic repertoires. In B. Spodek, & O.N.Saracho, (Eds), *Language and literacy in early childhood education* (pp.21-41). New York, NY: Columbia University Teachers College .

Ferreiro, E. & Teberosky, N. (1982). *Literacy before schooling*. Portsmough, NH: Heinemann.

Galda, L., & Gullinan, B. (1991). Literature for literacy: What research says about the benefits of using trade books in the classroom. In J. Jensen, J. Flood, D. Lapp, & J. R. Squire (Eds.), *Handbook of research on teaching the English language arts* (pp. 397-403). Sponsored by the National Council of Teachers of English and the International Reading Association. New York, NY: Macmillan.

Giorgis, C. & Glazer, J. I. (2013). *Literature for young children: Supporting emergent literacy, ages 0-8*. Upper Saddle River, NJ: Pearson Education.

Glazer, S. M. & Burke, E. M. (1994). *An integrated approach to early literacy: Literature to language*. Needham Heights, MA: Allyn and Bacon.

Goodman. Y. M. (1986). Children coming to know literacy. In W. H. Teal, & E. Sulzby (Eds.), *Emergent literacy: Writing and reading* (pp. 1-14). Norwood, NJ: Ablex.

Gundlach, R., McLane, J. B., Stott, F. M., & McNarnee, G. D. (1985). The social foundations of children's early writing development. In M. Farr (Ed.), *Advances in writing research (Vol. one): Children's early writing development* (pp. 1-58). Norwood, NJ: Ablex.

Halliday, M. A. K. (1975). *Learning how to mean: Exploration in the development of language*. London, England: Edward Arnold.

Halliday, M. A. K. (2002). Relevant models of language. In B. M. Power & R. S. Hubbard (Eds.), *Language development : A reader for teachers* (pp. 49-53). Upper Saddle River, NJ: Merrill.

Heald-Taylor, G. (1989). *The administrator's guide to whole language*. Katonah, NY: Richard C. Owen.

Heath. S. B. (1983). *Ways with words: Language, life and work in communities and classrooms*. Cambridge, England: Cambridge University Press.

Hill, S. E. & Nichols, S. (2013). Early literacy: Towards a semiotic approach. In O. N. Saracho & B. Spodek (Eds.), *Handbook of research on the education of young children* (pp. 147-156). New York, NY: Routledge.

International Reading Association (1986). Literacy development and pre-first grade: A joint statement of concerns about present practices in pre-first grade reading instruction and recommendations for improvernent. *Young Children, 41* (4), 10-13.

International Reading Association and the National Association for the Education of Young Children. (IRA/NAEYC, 1998). Learning to read and write : Developmentally appropriate practices for young children. A joint position statement of the International Reading Association and the National Association for the Education of Young Children.*Young Children, 53* (4), 30-46.

International Reading Association and the National Council of Teachers of English. (1996). Standards for the English language arts. Newark, DE: International Reading Association/Urbana, IL: National Council of Teachers of English.

Jalongo, M. R. (1988). Young children and picture books: Literature from infancy to six. Washington, DC: National Association for the Education of Young Children.

Johnson, T. D. (1992). Emerging reading. In L. O. Ollila, & M. I. May-field (Eds.), *Emerging literacy: Preschool, kindergarten, and primary grades* (pp. 71-99). Needham Heights, MA: Allyn and Bacon.

Karchmer, R. A., Mallette, M.H., & Leu, Jr. D. J. (2003). Early literacy in a digital age. In D. M. Barone, & L. M. Morrow (Eds.), *Literacy and young children: Research-based practices* (pp. 175-194). New York, NY: The Guilford Press.

Lancy D. F. (1994). *Children's emergent literacy: From research to practice*. Westport, CT: Praeger.

183

Leichter, H. J. (1984). Families as environments for literacy. In H. Goelman, A. Oberg, & F. Smith (Eds.), *Awakening to literacy* (pp. 38-50). Portsmouth, NH: Heinemann Educational Books.

Lonigan, C. J., & Cunningham, A. E. (2013). Significant differences: Identifying the evidence base for promoting children's early literacy skills in early childhood education , In T. Shanahan & C. J. Lonigan (Eds.), *Early childhood literacy: The National Early Literacy Panel and beyond* (pp.161-193). Baltimore, MD: Paul H. Brookes.

Luria, A. R. (1978). The development of writing in the child. In M. Cole (Ed.), *The selected writing of A. R. Luria* (pp. 146-194). New York, NY: M. E. Sharpe. (Original work published in 1929.)

Machado, J. M. (2007). *Early childhood experiences in language arts: Early literacy*. New York: Thomson..

Martlew, M. (1988). Children's oral and written language. In A. D. Pellegrini (Ed.), *Psychological bases for early education* (pp. 77-122). New York, NY: John Wiley & Sons.

Mason, J. M., & Sinha, S. (1993). Emerging literacy in the early childhood years: Applying a Vygotskian model of learning and development. In B. Spodek. (Ed.), *Handbook of research on the education of young children* (pp. 137-150). New York: Macmillan.

Mason, J. M., Peterman, C. L., & Kerr, B. M. (1989). Reading to kindergarten children. In D. Strickland, & L. Morrow (Eds.), *Emerging literacy: Young children learn to read and write* (pp. 52-62). Newark, DE: International Reading Association.

McGee, L. M., & Richgels, D. J. (2012). Literacy's beginnings: Supporting young readers and writers. Boston, MA: Allyn and Bacon.

Mckeown, M. G. & Beck, I. L. (2007). Encourage young children's language interactions with stories. In D. K. Dickinson & S. B. Neuman (Eds.), *Handbook of early literacy research* (pp. 281-294).New York,

NY: The Guilford Press.

Moll, L. C. (1992). *Vygotsky and education*. New York, NY: Cambridge University Press.

Morrow, L. M. (1982). Relationships between literature programs, library corner designs, and children's use of literature. *Journal of Educational Research, 76*, 221-230.

Morrow, L. M. (1987). The effects of one-to-one story readings on children's questions and comments. In S. Baldwin & J. Readance (Eds.), *Thirty-sixth Yearbook of the National Reading Conference*. Rochester, NY.

Morrow, L. M. (1988). Young children's responses to one-to-one story readings in school settings. *Reading Research Quarterly, 23*, 1, 89-107.

Morrow, L. M. (2012). *Literacy development in the early years: Helping children read and write*. Boston, MA: Allyn and Bacon.

Morrow, L. M., & Weinstein, C. S. (1986). Encouraging voluntary reading: The impact of a literature program on children's use of library centers. *Reading Research Quarterly, 21* (3), 330-346.

National Council of Teachers of English(2008). Retrieved from http://www.ncte.org/goveranace/literacies.

National Early Literacy Panel. (2008). *Developing early literacy: A scientific synthesis of early literacy development and implications for intervention*. Washington, DC: National Institute for Literacy. Available at http://www.nifl.gov/earlychildhood/NELP/NELPreport.html

Neuman, S. B., & Roskos, K. (1990). Play, print, and purpose: Enriching play environments for literacy development. *The Reading Teacher, 44*, 214-221.

Neuman, S. B., & Roskos, K. (1991). Peers as literacy informants: A description of young children's literacy conversations in play. *Early

Childhood Research Quarterly, 6, 233-248.

Newman, S. B., Copple, C., & Bradekamp, S. (2000). *Learning to read and write: Developmentally appropriate practices for young children*. Washington, DC: National Association for the Education of Young Children.

Nurss, J. R. (1992). Evaluation of language and literacy. In L. O. Ollila, & M. I. Mayfield (Eds.), *Emerging literacy: Preschool, kindergarten, and primary grades* (pp. 229-252). Needham Heights, MA: Allyn and Bacon.

Ollila, L. O. (1992). Emerging writing. In L, O. Ollila, & M. I. Mayfield (Eds.), *Emerging literacy: Preschool, kindergarten, and primary grades* (pp 100-136). Needham Heights, MA: Allyn and Bacon.

Ollila, L. O., & Mayfield, M. I. (1992). Emerging literacy. In L. O. Ollila, & M. I. Mayfield (Eds.), *Emerging literacy: Preschool, kindergarten, and primary grades* (pp. 1-16). Needham Heights, MA: Allyn and Bacon.

Pellegrini A. D., & Galda, L. (1993). Ten years after: A reexamination of symbolic play and literacy research. *Reading Research Quarterly, 28*, 163-175.

Pentimonti, J. M., Justice, L. M., & Piasta, S. B. (2013). Sharing books with children. In T. Shanahan & C. J. Lonigan (Eds.), *Early childhood literacy: The National Early Literacy Panel and beyond* (pp.117-134). Baltimore, MD: Paul H. Brookes.

Pflaum, S. W. (1986). *The development of language and literacy in young children*. Columbus, OH: Merrill.

Phillips, B., & Torgeson, J. (2006). Phonemic awareness and learning to read. In D. Dickinson & S. Neuman(Eds.), Handbook of early research(Vol. 2, pp.101-112). New York: Guilford.

Raines, S. C., & Canady, R. J. (1990). The whole language kindergarten.

New York: Teachers College Press.

Read, C. (1971). Pre-school children's knowledge of English phonology. *Harvard Educational Review, 41* (1), 1-34.

Read, C. (1986). *Children's creative spelling*. Boston, MA: Routledge, Kegan Paul.

Rosenblatt, L. M. (2004). The reader, the text, the poem: The transactional theory of the literacy work. Carbondale, IL: Southern Illinois University Press.

Roskos, K.A., & Neuman, S. (1993). Descriptive observations of adults' facilitation of literacy in young children's play. *Early Childhood Research Quarterly, 8*, 77-97.

Roskos, K.A., & Neuman. S. (1994). Play settings as literacy environments: Their effects on children's literacy behaviors. In D. F. Lancy (Ed.), *Children's emergent literacy: From research to practice* (pp. 251-264). Westport, CT: Praeger.

Roskos, K.A., &Christie, J. F. (Eds.). (2000). *Play and literacy in early childhood: Research from multiple perspectives*. Mahwah, NJ: Erlbaum.

Rowe, D. (1998). The literate potentials of book-related dramatic play. *Reading Research Quarterly, 33*, 10-35.

Rubin, K. H., Fein, G. G., & Vandenberg, B. (1983). Play. In P. H. Mussen (Ed.), *Handbook of child psychology, Vol.4: Socialization, personality, and social development* (pp. 693-774). New York, NY: John Wiley & Sons.

Salinger, T. (1996). *Literacy for young children*. Columbus, OH: Merrill.

Sawyer, W., & Corner, D. E. (1991). *Growing up with literature*. Albany, NY: Delrnar.

Schickedanz, J. A. (1982). The acquisition of written language in young children. In B. Spodek (Ed.), *Handbook of research in early child-*

hood education (pp. 242-263). New York, NY: The Free Press.

Sclirader, C. A. (1990). Symbolic play as a curricular tool for early literacy development. *Early Childhood Research Quarterly, 5* (1), 79-103.

Snow, C. E., & Ninio, A. (1986). Contracts of literacy: What children learn from learning to read books. In W. H. Teale & E. Sulzby (Eds.), *Emergent literacy: Writing and reading* (pp. 173-206). Norwood, NJ: Ablex.

Snow, C. E., & Perlmann, R. (1985). Assessing children's knowledge about bookreading. In L. Galda & A. Pellegrini (Eds.), *Play, language, and stories*. Norwood, NJ: Ablex.

Soderman, A.K., Gregory, K.M.& McCarty, L.T.(2005). *Scaffolding emergent literacy: A child-centered approach for preschool through grade 5*. Boston, MA: Allyn and Bacon.

Storch, S., & Whitehurst, G. (2002). Oral language and code related precursors to reading: Evidence from a longitudinal structural modeling. *Developmental Psychology, 38*(6), 934-947.

Strickland, D. S. (1989). A model for change: Framework for an emergent literacy curriculum. In D. Strickland, & L. Morrow (Eds.), *Emerging literacy: Young children learn to read and write* (pp. 135-146). Newark, DE: International Reading Association.

Strickland, D. S., & Morrow, L. M. (1989). Developing skills: An emergent literacy perspective. The *Reading Teacher, 43* (1), 82-83.

Strickland, D. S., & Riley-Ayers, S. (2007). *Literacy leadership in early childhood: The essential guide*. Washington, DC: National Association for the Education of Young Children.

Sulzby, E. (1985a). Children's emergent reading of favorite storybooks: A developmental study. *Reading Research Quarterly, 20*, 458-481.

Sulzby, E. (1985b). Kindergarteners as writers and readers. In M. Farr

(Ed.), *Advances in writing research, volume one: Children's early writing development* (pp. 127-200). Norwood, NJ: Ablex.

Sulzby, E. (1988). *Emergent literacy: Kindergartners write and read, including Sulzby coding system.* Ann Arbor, Ml: University of Michigan and North Central Regional Educational Laboratory.

Sulzby, E., Teale, W. H., & Kamberelis, G. (1989). Emergent writing in the classroom: Home and school connections. In D. Strickland, & L. Morrow (Eds.), *Emerging literacy: Young children learn to read and write* (pp. 63-79). Newark, DE: International Reading Association.

Taylor, D. (1983). *Family literacy: Young children learning to read and write.* Exeter, NH: Heinemann.

Taylor, D., & Strickland, D. (1986). *Family storybook reading.* Exeter, NH: Heinemann Educational Books.

Taylor, N., Blum, I., & Logsdon, D. M. (1986). The development of written language awareness: Environmental aspects and program characteristics. *Reading Research Quarterly, 21,* 132-149.

Teale, W. H. (1986). The beginnings of reading and written language development during the preschool and kindergarten years. In M. R. Sampson (Ed.), *The pursuit of literacy: Early reading and writing* (pp. 1-29). Dubuque, IA: Kendall/Hunt.

Teale, W. H. (1990). The promise and challenge of informal assessment in early literacy. In L. M. Morrow, & J. K. Smith (Eds.), *Assessment for instruction in early literacy* (pp. 45-60). Englewood Cliffs, NJ: Prentice Hall.

Teale, W. H. (2003). Questions about early literacy learning and teaching that need asking--and some that don't. In D. M. Barone, & L. M. Morrow (Eds.), *Literacy and young children: Research-based practices* (pp. 23-44). New York, NY: The Guilford Press.

Teale, W. H. (2003). Reading aloud to young children as a classroom instructional activity: Insights from research and practice. In A. van Kleeck, S. A. Stahl, & E. B. Bauer (Eds.), *On reading books to childrens* (pp. 114-139). Mahwah, NJ: Erlbaum.

Teale, W. H., & Sulzby, E. (1986). Emergent literacy as a perspective for examining how young children become writer and reader. In W. H. Teale, & E. Sulzby (Eds.), *Emergent literacy: Writing and reading* (pp. vii-xxv). Norwood, NJ: Ablex.

Teale, W. H., & Sulzby, E. (1989). Emergent literacy: New perspectives. In D. Strickland, & L. Morrow (Eds.), *Emerging literacy: Young children learn to read and write* (pp. 1-15). Newark, DE: International Reading Association.

Temple, C., Nathan, R., Burnis, N., & Temple, F. (1988). *The beginning of writing.* Needham Heights, MA: Allyn and Bacon.

Vukelich, C. (1994). Effects of play interventions on young children's reading of environmental print. *Early Childhood Research Quarterly, 9*, 153-170.

Vygotsky, L. S. (1929). The problem of the cultural development of the child. *Journal of Genetic Psychology, 26*, 415-434.

Vygotsky, L. S. (1978). The prehistory of written language. In M. Cole, V. John-Steiner, S. Scribner & E. Souberman (Eds.), *Mind in society: The development of higher psychological process* (pp.105-119). Cambridge, MA: Harvard University Press.

Waring-Chaffee, M. B. (1994). "RDRNT...HRLKM": Investigations in children's emergence as readers and writers. *Young Children, 49* (6), 52-55.

Wolf, S. (1989). *Thinking in play: A young child's response to literature.* Paper presented at the annual meeting of the National Reading Conference, Austin, Texas.

Workman, S., & Anziano, M. C. (1993). Curriculum webs: Weaving connections from children to teachers Young Children, 48(2).4-9.

我們的粉絲專頁終於成立囉！

2015年5月，我們新成立了【五南圖書　教育／傳播網】粉絲專頁，期待您按讚加入，成為我們的一分子。

在粉絲專頁這裡，我們提供新書出書資訊，以及出版消息。您可閱讀、可訂購、可留言。有什麼意見，均可留言讓我們知道。提升效率、提升服務，與讀者多些互動，相信是我們出版業努力的方向。當然我們也會提供不定時的小驚喜或書籍折扣給您。

期待更好，有您的加入，我們會更加努力。

五南圖書出版股份有限公司
WU-NAN BOOK COMPANY LTD.

【五南圖書　教育／傳播網】臉書粉絲專頁

五南文化事業機構其他相關粉絲專頁，依您所需要的需求也可以加入呦！

五南圖書 法律／政治／公共行政

五南財經異想世界

五南圖書中等教育處編輯室

五南圖書 史哲／藝術／社會類

台灣書房

富野由悠季《影像的原則》台灣版　10月上市！！

魔法青春旅程－4到9年級學生性教育的第一本書

國家圖書館出版品預行編目資料

幼兒園讀寫萌發課程／黃瑞琴著. -- 二版.
　-- 臺北市：五南, 2015.09
　　面；　公分
　ISBN 978-957-11-8285-8（平裝）

1.學前教育　2.學前課程

523.23　　　　　　　　　　104016780

1ID2

幼兒園讀寫萌發課程

作　　者 ―	黃瑞琴（307）
發 行 人 ―	楊榮川
總 經 理 ―	楊士清
總 編 輯 ―	楊秀麗
副總編輯 ―	黃文瓊
責任編輯 ―	李敏華
封面設計 ―	童安安
出 版 者 ―	五南圖書出版股份有限公司
地　　址 ：	106台北市大安區和平東路二段339號4樓
電　　話 ：	(02)2705-5066　　傳　　真：(02)2706-6100
網　　址 ：	http://www.wunan.com.tw
電子郵件 ：	wunan@wunan.com.tw
劃撥帳號 ：	01068953
戶　　名 ：	五南圖書出版股份有限公司
法律顧問	林勝安律師事務所　林勝安律師
出版日期	1997年 8 月初版一刷（共13刷）
	2015年 9 月二版一刷
	2020年 6 月二版四刷
定　　價	新臺幣300元

※版權所有·欲利用本書內容，必須徵求本公司同意※

五南線上學院

專業圖書NO.1的線上課程

五所不能，學習不南

☑ 專業師資

☑ 證照考試 ☑ 實用技能

線上課程老師募集中！

不論年齡大小、教育程度，
只要你在某個領域有過人的知識和經驗，
歡迎投稿，創造你的被動收入。

＊投稿請洽各編輯室

五南線上學院
https://www.wunan.com.tw/tch_home

經典永恆・名著常在

五十週年的獻禮——經典名著文庫

五南，五十年了，半個世紀，人生旅程的一大半，走過來了。

思索著，邁向百年的未來歷程，能為知識界、文化學術界作些什麼？

在速食文化的生態下，有什麼值得讓人雋永品味的？

歷代經典・當今名著，經過時間的洗禮，千錘百鍊，流傳至今，光芒耀人；

不僅使我們能領悟前人的智慧，同時也增深加廣我們思考的深度與視野。

我們決心投入巨資，有計畫的系統梳選，成立「經典名著文庫」，

希望收入古今中外思想性的、充滿睿智與獨見的經典、名著。

這是一項理想性的、永續性的巨大出版工程。

不在意讀者的眾寡，只考慮它的學術價值，力求完整展現先哲思想的軌跡；

為知識界開啟一片智慧之窗，營造一座百花綻放的世界文明公園，

任君遨遊、取菁吸蜜、嘉惠學子！